北羽新報社編集局報道部 編

廃校が図書館になった！

「橋本五郎文庫」奮戦記

藤原書店

廃校が図書館になった！

第一章　廃校そして文庫ができるまで……9

第二章　仕分けボランティア奮闘記

附

三種町地図

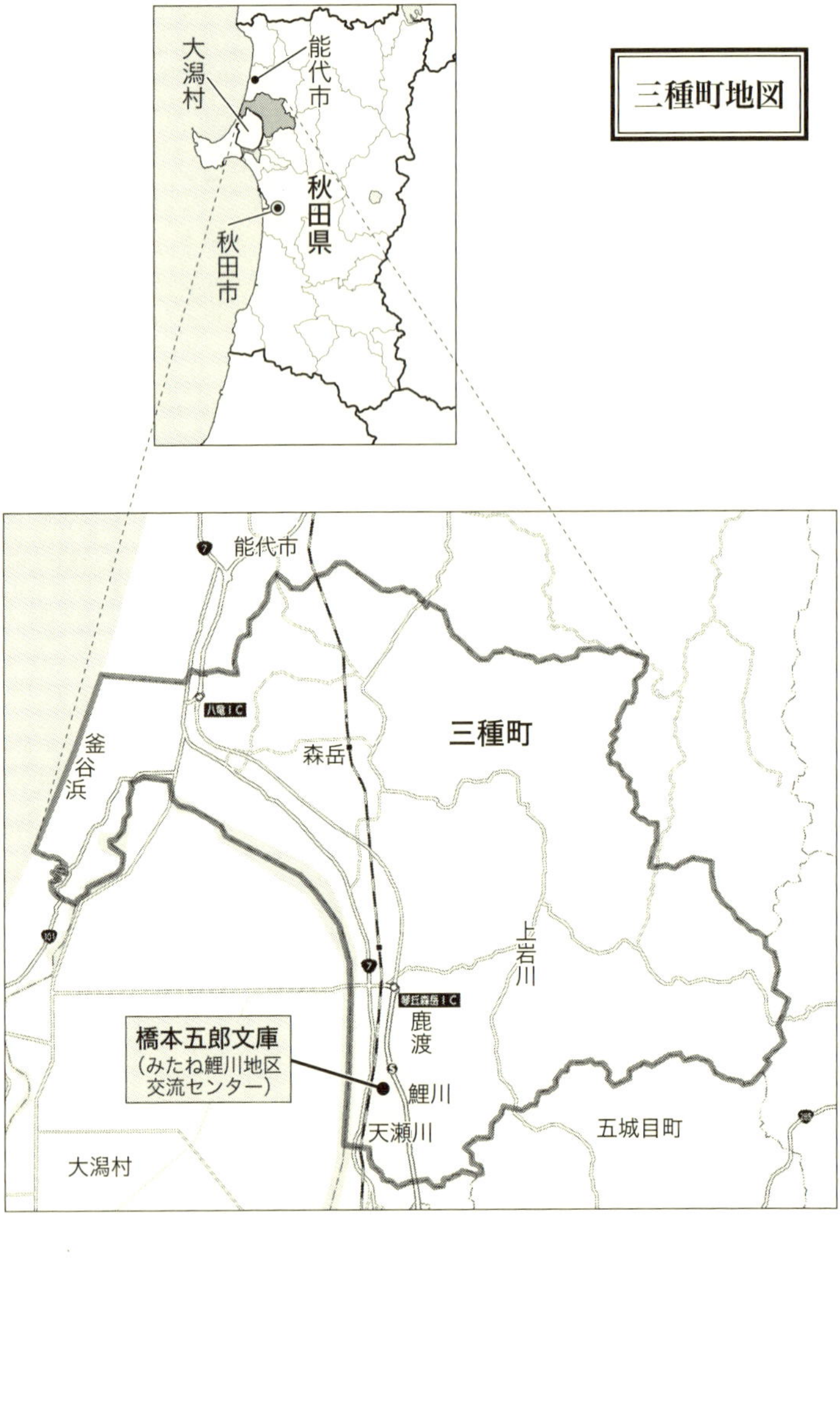
能代市
大潟村
秋田県
秋田市
能代市
八竜ＩＣ
三種町
森岳
釜谷浜
上岩川
琴丘森岳ＩＣ
鹿渡
橋本五郎文庫
（みたね鯉川地区
交流センター）
鯉川
天瀬川
五城目町
大潟村

廃校が図書館になった！

「橋本五郎文庫」奮戦記

政治
社会
自然科
伝記
軍事
教育
日本文学
200 歴史
910 日
900 文学その他

第一章　廃校そして文庫ができるまで

閉校、新たな始まり

のどかな田園風景が広がる秋田県北西部の町、山本郡三種町《みたねちょう》。その町の南端に位置する鯉川《こいかわ》地域に平成二十三(二〇一一)年四月二十九日、小学校の廃校舎を活用したみたね鯉川地区交流センター、通称「橋本五郎文庫」はオープンした。

前日までしばらく降り続いていた雨も上がり、空は抜けるような青空。平年より一週間ほど開花が遅れていたソメイヨシノも、春の陽光をいっぱいに浴びながら次々とつぼみを弾けさせた。天気も、桜も、晴れの門出を粋に演出した。

「こんなに人が来るとは……」

橋本五郎文庫を運営する住民組織「みたね鯉川地区交流センター運営委員会」の会長を務める小玉陽三さん(62)は、その日、目の前で繰り広げられた熱気あふれる光景にただただ驚くばかりだった。

児童数の減少から一度は閉ざされた旧鯉川小学校の門をくぐった人は、関係者、来賓・招待客らを含めて五百人近くに達した。閉校した二年前に在籍していた児童数はわずか一

小玉陽三さん

九人だったから、その二六倍強である。「第一文庫」と呼ばれるメーンスペースや廊下、階段が、立錐の余地もないほどに人であふれ返っている。この場所が、学校として一度役目を終えていることなど忘れさせてしまうほどだ。

「ここにこれだけの人が集まったのは、学校があった当時でも見たことがないな」。小玉さんをはじめ、ここを訪れた誰もがそう口にした。

この「奇跡の光景」を導き出したのは、ほかでもない、この学校がある地域とその周辺に暮らす住民たちだ。その日から遡ること五カ月前、五十代後半から六十代を中心にした四〇人の住民ボランティアによって「文庫開設」というプロジェクトは始まった。それまで図書館づくりに関わった経験を持つ人など、皆無に等しかった。持っていたものがあったとすれば、「学校がなくなった地域を何とかして再生させたい」という熱き思い、それだけだった。

一二五年の歴史に幕

秋田県三種町は、平成十八（二〇〇六）年三月に山本郡南部地域の琴丘《ことおか》町、山本《やまもと》町、八竜《はちりゅう》町の旧三町が合併して誕生した。

北は県北部沿岸の中心都市である能代《のしろ》市、西は日本海に接する。二四八・〇九平方キロメートルの町土のうち五四パーセントを山林が占め、東の丘陵地から西の平野へと緩やかに傾斜した地勢。年平均気温は一一度前後、年間降水量は一五〇〇ミリ程度で、積雪期間は約百日。秋田県内陸の豪雪地帯ほどではないが、雪の多い年では平坦部で五〇センチ、山間部では一〇〇センチを超える地域もある。

基幹産業は農業で、コメのほか、日本一の生産量を誇るジュンサイ、メロン、梅などが特産品。観光では「秋田の奥座敷」として親しまれ、「とてもしょっぱい温泉」が売りの森岳《もりたけ》温泉や、環境省認定「日本の海水浴百選」の釜谷浜《かまやはま》海水浴場に、五メートルを超す大型砂像と、中型・小型の砂像がずらりと並ぶ真夏のイベント「サンドクラフト」などが代表的だ。

橋本五郎文庫（みたね鯉川地区交流センター）があるのは合併した三町のうちの旧琴丘町（琴丘地区）。北緯四〇度線上にあり、西側に面する八郎潟は昭和三十二（一九五七）年に国営干拓事業がスタートする前は、琵琶湖に次いで日本第二位の大きさを誇った。

幼き頃、橋本五郎さんが通った旧鯉川小学校は、その八郎潟にほど近い内鯉川と呼ばれる集落にある。JR鯉川駅から北に約一キロ、地域の幹線道路である国道七号からJRを横断して東に六〇〇メートルほど入った町道沿いに校舎が建つ。

鯉川小学校は明治十七（一八八四）年四月十六日、内鯉川の日王山玉蔵寺前に鹿渡《かど》小学校鯉川分教室として創立した。同二十五（一八九二）年四月に鯉川尋常小学校と改称、昭和十一（一九三六）年十一月に現在地に移転し、さらに鹿渡国民学校分教場などと改称されたのち、昭和二十三（一九四八）年二月に鹿渡町立鯉川小学校として独立した。同三十年に町村合併で琴丘町立、平成十八（二〇〇六）年には三種町立となった。この間、昭和

高台から見た旧鯉川小学校（橋本五郎文庫）

五十八（一九八三）年に鉄筋コンクリート二階建ての校舎が完成している。

戦前から戦後にかけ、一学年はほぼ四〇〜六〇人で推移していたが、高度経済成長による産業、社会構造の変化に伴い、昭和四十年代後半から児童数が減り始めた。五十年代には一学年一〇人台となり、平成に入ると児童数の減少はさらに顕著に。平成十（一九九八）年以降は一〇人未満の年が続き、二つの学年で一クラスを形成する「複式学級」も発生した。

一方、児童数の減少は、少子化

に歯止めが掛からない三種町全体で進行していた。

平成十九（二〇〇七）年に町教育委員会が算出した児童数の予測によると、十九年の小学校児童九四一人は六年後の二十五年度には二六パーセント減の六九二人にまで減少すると推計。加えて、築後三〇年以上が経過した各校舎の老朽化、町の財政状況の厳しさなども絡み、小学校の統廃合は合併早々の町が抱え込んだ重要課題の一つだった。

町教育委員会は十九年六月、校長会、ＰＴＡ連合会、自治会の代表、民生児童委員、有識者ら一八人をメンバーに学校再編整備検討委員会を設置、小学校および中学校の統廃合、学区、廃校舎等の利用など四項目について諮問した。検討委員会は四回の会議と保護者のアンケート調査を基に、町内の八小学校三中学校（当時）は将来的に三小学校一中学校へと再編するのが望ましいと答申した。

特に小学校の統合については「児童数の減少が著しい地域に関しては早急に対応すべき」と提言。琴丘地区（旧琴丘町）の鹿渡、鯉川、上岩川《かみいわかわ》の三小学校は、すでに鯉川と上岩川の二校で複式学級が発生していたことから、早期の統合達成が求められることになった。

町教育委員会はこの後、各小学校区の住民を対象に説明会を開いた上で、二十（二〇〇八）年二月に学校再編整備計画を策定した。同年六月には、鹿渡小を含めた琴丘地区三校を二十一年四月に統合させることに向け、学校長、保護者、地域住民、有識者らを委員とする協議会を設置し、この中で新設校の校名（琴丘小学校）などを決めた。

そして同年九月の定例町議会で、三校を閉校させ、鹿渡小校舎に新設校を置く条例案が可決された。明治の開校以来三千人余の卒業生を送り出してきた鯉川小の閉校もこの時、正式に決定した。

鯉川小学校の閉校式は、二十年十一月九日に行われた。会場の学校体育館には一九人の児童、一二人の教職員のほか、児童の保護者、地域住民、歴代の校長ら約一五〇人が集まった。来賓席の一角には、母校の終幕劇を目に焼き付けようとする橋本さんの姿もあった。

工藤克也校長は「地域、家庭、学校が温かい絆で結ばれ、心が通い合う教育が行われてきた。鯉川小の教育に関わって来られた多くの方々に感謝します」とあいさつ。児童たちは「はばたけ鯉っ子　鯉小ラストメッセージ」と題した全校発表や、明治時代の授業風景、昭和の子どもたちの元気な遊びなどを再現し、人材と文化を育んだ学校にオマージュを捧げた。さらに平成三年から学校活動として取り組み、各地で披露してきた「縄文太鼓」の演奏も披露し、最後は全員で「清らかに望み輝く　鯉川の小学生」と校歌を歌い上げた。

それから四カ月後の二十一（二〇〇九）年三月十七日、最後の卒業生四人が学び舎を巣立ち、三月三十一日、一二五年にわたり地域文化のシンボルとして住民に愛された校史にピリオドが打たれた。翌四月一日からは新設校の琴丘小学校が児童数二二〇人でスタート。同時に、廃校となった鯉川小学校の校舎やグラウンド、そこにつながる通学路から、子どもたちの声は、消えた。

空き校舎の利活用

昭和五十八（一九八三）年に改築した旧鯉川小学校の校舎は、鉄筋コンクリート造二階建て校舎と鉄骨平屋建ての体育館で構成。校舎の延べ床面積は一八七九平方メートル、体育館は八二五平方メートル。このほか九九八九平方メートルのグラウンドがあり、校地全体では一万六五三六平方メートルの広さを持つ。

平成二十一（二〇〇九）年三月での閉校が決まり、校舎はじめ地域から子どもたちの元気な姿が消えてしまうことに寂しさを抱えながら、廃校後の校舎がどうなるのかは住民たちにとって大きな関心事となった。

琴丘地区の学校再編を決めた三種町教育委員会では二十一年二月、廃校舎の利活用について「町総合計画との関連の下、地域の要望を踏まえて町政全体として取り組むべきである」として、検討組織の速やかな設立を町長に提案。これを受けて町は、廃校となる鯉川、上岩川の両小学校および琴丘給食センター、すでに空き施設となっていた鯉川、上岩川の旧二保育園を含む五カ所の町有施設の利活用について、地域住民の意向を参考にその策を探るため、二月二十五日に「琴丘地域公共施設利活用検討委員会」を設立した。

その検討委のメンバー一三人のうちの一人が、後にみたね鯉川地区交流センター運営委員会会長となる小玉陽三さんだ。小玉さんは鯉川地域の最南端に位置する天瀬川《あませがわ》字三倉鼻《みくらはな》に在住し、天瀬川自治会の副会長を務める。

小玉さんは、東京農工大から秋田県農業協同組合中央会に入り、総務企画部長や参事などを歴任。十八（二〇〇六）年春から半年間は、コメの架空取引で国の補助金を不正に受給する事件を引き起こした全農秋田県本部の組織立て直しの任を受け同本部の本部長に就任、全国に名だたる秋田米の信頼回復に力を注いだ。そうした実績も買われ自治会長から委員に推薦され、一三人で構成する検討委では副委員長にも選任された。

三学年上の同窓生である橋本五郎さんの「蔵書寄贈話」を小玉さんが知ったのは、三月二十三日の第二回委員会でのことだった。

「五郎さんが数万冊の蔵書を寄贈する意向を持っているとの話がある、と委員の一人が発言した。五郎さんの同級生で、町議会議員の宮田幹保さんの情報だという。ただその時は、ばやっ（ぼんやり）とした話だけ。そういうことなら、それも含めて検討していきましょうか、という程度だった」と振り返る。

六月二十四日まで計五回開かれた検討委員会で、鯉川小校舎の利活用方針は「地域の核となるセンターとしての一体的な活用を目指すべき」との意見でまとめ上げられた。具体的な活用策としては、▽公民館分館（交流施設）▽体育館を屋内体育施設にしてグラウンドを開放▽地域の歴史的資料館――などを盛り込むとともに、図書を贈りたいとする橋本さんの意向をくむ形で「図書館として利用」の一文も付け加えた。

ただ、あくまでこの時点での検討委の〝本命〟は、町の職員を常駐させる「公民館分館」としての利活用だった。橋本さんの蔵書で図書館をつくるとうたうにしても、本人からの正式な表明がない中では難しかったし、有識者として委員の一人になっていた、橋本さんの実兄で元秋田県教育委員会教育長の橋本顕信さん（75）が、廃校後も校舎は町が責任を持って管理すべきと主張する一方、公立図書館の実情を例に、図書の維持管理はそれなりの空調設備が必要になるなど簡単なことではなく、本のためにも廃校舎以外の環境が整った別の施設に収蔵すべき、との意見を述べていたことも影響した。また公民館分館として町の責任の下に施設が継続されるのであれば、実際に本が届いて校舎内に置くことになっても、常駐の職員によって一定の管理が期待できる。

こうした経緯をたどりつつ、六月二十九日、小玉さんは検討委員会委員長の渡辺俊吉さん（上岩川）とともに町役場に足を運び、当時の佐藤亮一町長に面会し、報告書を手渡した。

頓挫

「半年以上も待たされた上に、この結論か」

琴丘地域公共施設利活用検討委員会が提出した報告書に対し、町が出した回答を聞いた小玉さんは、憤りを禁じ得なかった。

報告書を受け取った町は、副町長を委員長に、教育長、各課の課長、総合支所の支所長ら町の幹部職員で構成する庁内検討委員会を組織し、二十一年十一月から計三回会議を開き、それぞれの空き公共施設の利活用方針について協議した。

学校給食センターや長年利用されていなかった保育園に関しては報告書での要望を概ね尊重したが、鯉川、上岩川の二つの小学校を「公民館分館」とすることに庁内検討委は難色を示した。

折しも三種町は、秋田県内の二五市町村で唯一、財政健全化法に定めた財政健全化判断比率四指標の一つである実質公債費比率が二十年度決算において前年度より悪化し、一・一ポイント増の二四・六パーセントと、単独事業の起債が認められなくなる二五パーセントに迫る値まで上昇したとの速報値が、県から発表されたばかりだった。当時の三種町は、自治体が財政破綻に陥らないためにも、とにかく借金と無駄な経費を削ることが最大の行政命題で、職員給与の手当カットなどにも踏み切っていた。

鯉川、上岩川両小学校の廃校も「複式学級を解消しての教育水準確保」との大義名分はあったにせよ、財政再建策の一環という面も色濃かった。そうした中で、「必要がなくなった施設」に対して経費を掛け続けることは、町にとっては想定外のことであり、公共施設である公民館を増やすといった構想自体が「論外」と映った。

庁内検討委が出した鯉川小学校の結論は、「体育館と校舎の一部について、地域での利活用を図り、校舎のその他の部分に教育委員会で所有する歴史的資料（発掘された土器）

等を保管する」施設にするというもの。そこには地域住民が求めていた公民館分館の文字はなく、図書館の跡形もなかった。

年が明けて二十二（二〇一〇）年一月二十八日、琴丘地域公共施設利活用検討委員会のメンバーに対し町の方針を説明するため、琴丘総合支所で開催した「懇談会」は、荒れに荒れた。

委員からは「回答を出すのが遅すぎる」との苦言を皮切りに、「なぜ公民館分館方式ではダメなのか」「われわれの検討は一体何だったのか」といった声が噴出。ましてや町が併せて出してきた「受益者である地域の人たちで施設使用の経費を負担してほしい」という条件に理解を示す人は誰一人としていなかった。町による施設管理の継続を強く主張していた橋本顕信さんに至っては、怒りのあまりこれ以後の住民と町との間の会議には一切姿を見せなくなった。

不満を募らせた小玉さんは数日後、琴丘地域公共施設利活用検討委員会の委員で同じ鯉川地区に住む児玉善市さん（73）、宮田ミチさん（64）とともに「抗議」のため町役場琴丘総合支所へ乗り込んだ。

「どう使ったらいいか検討させておきながら、それが反映されていない。土器の保管など何も要望してないことまで出てきた。話が違う」「納得できない。真意を聴かせてくれ」「行政の支援措置もなく、住民たちだけであの大きな校舎を維持することなどできるわけがないだろう」。思いの丈を職員らにぶつけた。

また琴丘地区とは約一〇キロ離れた八竜地区にある町役場にも足を運び、行財政改革推進の担当職員らにも噛み付き、「公民館分館」として再検討するように粘り強く交渉した。住民たちの強い反発に町側は、空き校舎の利活用を進める住民組織の設立の際には町としても相応の負担はしていく意向であることを伝えた。しかし、廃校舎に職員を置くことはないとする姿勢だけは頑として変えず、旧鯉川小の利活用問題は地域、行政間ですれ違ったまま、いったん宙に浮いてしまうことになる。

再出発

三月に入った。大地一面が真っ白な雪に覆われていた長い冬が明け、道端には秋田の県花であるバッケ（ふきのとう）が顔をのぞかせるなど、鯉川地域にも住民が待ち望んだ春が訪れようとしていた。ただ、旧鯉川小学校の利活用問題はまだ「雪解け」とはいかず、住民たちが町に対して求めた「公民館分館」構想は棚上げの状態にあった。

琴丘地域公共施設利活用検討委員会の委員だった小玉陽三さん、児玉善市さん、宮田ミチさんの三人は、三月十六日に町役場琴丘総合支所に集まり、支所の地域振興課職員を交えて話し合いの場を持った。

小玉さんの怒りに似た思いは依然収まってはいなかったが、ひとまず冷静に町が一月二十八日以降に地域側に説明してきた中身を精査した上で、何が決まり、何が問題なのかを洗い出し、打開策はないものか探ってみよう、との趣旨で小玉さんが〝招集〟したのだった。

「何かしなきゃいけないよな」。小玉さんが問い掛けると、残りの二人も「そうだね」とうなずいた。二十一年三月の閉校から間もなく一年になる旧校舎をこのまま空き施設にしておくことなく、住民たちが何らかの形で活用していかなければならないという基本的な考え方は三人ともに一致していた。

侃々諤々と意見を交わす中で問題として浮上したのが、旧校舎利活用の運営母体をどうするかということだった。これについては町からも地域住民が主体となっての設立が求められていたし、三人も当然つくるべきものと捉えていた。しかし、それを誰が手掛け、どう組織していくかはその時点では決まっていなかった。

「よほど意欲を持たない限り、住民だけでは維持していけない。町が中に入ってほしい」。小玉さんらは同席した地域振興課の職員に対し、今後の活動展開は不透明ながら、どう進んだ場合であっても引き続き住民をバックアップしてくれるよう訴えた。

三人にはもう一つ大きな「引っ掛かり」が残っていた。橋本五郎さんからの図書寄贈の件だ。

琴丘地域公共施設利活用検討委員会の検討過程で突然持ち上がり、町に対する報告書にも一文盛り込んではいたが、その「真偽」を橋本さん本人から聴いた人は三人の中には誰もいなかった。参考のために県内の図書館に足を運んだりもしていたが、「寄贈が数万冊」というのもあまりに幅が広く、具体的なイメージが抱けなかった。

橋本さんとは同級生であり、この話のネタ元だった町議会議員の宮田幹保さん（65）に正確には一体何万冊なのかを聞いてみると、「家には八万冊ぐらいあるらしいから、そのうち五万冊は来るんじゃないか」という。小玉さんらは「八万冊？　五万冊？　どっちなんだ？」と余計に困惑した。

「このままじゃ、埒が明かない」。しびれを切らした小玉さんは、図書寄贈の話は本当なのか、そしてそれがどのぐらいのボリュームなのかは、橋本さんに直接電話して聞いた方が早いと考えた。五万冊といえば自治体の公立図書館並みとなり、それが八万冊ともなればとても住民の手に負えるものではない。「やる、やらないの判断は、五郎さんの話を聞

宮田幹保さん

いてからでも遅くないだろう」。三月三十日、小玉さんは橋本さんの自宅に電話した。

その時のやり取りがメモに残っている。

橋本さんはこう話した。

「雑誌類は除いて約二万冊を予定している。送料・書架代については私が負担したい。地元寄贈する施設や地域はどこでもよいが、散逸するのはできる限り避けてもらいたい。地元住民はもちろん、近隣市町村からも利用でき、しかも地元との交流や他の利活用の場として、一助になればよい」

そして、次の一言に小玉さんはギクリとした。

「それが鯉川であれば一番うれしいのだけど」

言い回しは遠慮がちながらも、橋本さんはやはり母校の鯉川小学校に蔵書が置かれることを心から望んでいるのだ。と同時に、「まずいな……。これはもう、逃げられないな」と小玉さんは思った。

前述の通り、小玉さんが琴丘地域公共施設利活用検討委員会の委員を引き受けたのは、天瀬川の自治会長から単に頼まれたためだ。旧鯉川小がどうなろうと、責任を負う義務はもちろんないし、ましてや校舎がある内鯉川と天瀬川とでは距離的にも離れている。住民に開放されたとしても、よほど何かの用事がない限り恐らく利用する機会は多くない。

また橋本さんとはそれまで特段面識があったわけでもなく、直接話をしたのもこの時が初めて。検討委員会の副委員長を務めたという立場上、鯉川地区の委員三人を代表して事実確認の電話を入れただけだった。

だが、橋本さんの遠くにありてふるさとを思う純粋で熱き思いに共鳴してしまった自分がそこにいた。「この本があれば、何かができるんじゃないか」との希望が、目の前にはっきりと広がっていくのが分かった。

小玉さんは橋本さんに次のことを伝えて電話を切った。「町当局の関与を前提に、地域住民組織をつくり、本の受け入れ態勢が整うよう準備していきます」。この話は、自らが中心となって進めていく。小玉さんはそう、腹を決めた。

運営委員会の準備

平成二十二（二〇一〇）年四月八日。小玉陽三さん、児玉善市さん、宮田ミチさんの三人が再び琴丘総合支所に集まった。小玉さんは三月三十日の橋本さんとの「電話会談」の内容を報告し、橋本さんの思いに応えるために一緒に行動しようと呼び掛けるとともに、以下の考えを空き校舎利用の進め方のたたき台として提案した。

▼橋本さんから寄贈される図書の受け取り手は「町」とする

▼配置については本人の意向をくんで旧鯉川小をメーンにして、収容しきれない図書やその他ニーズがあれば追加提供を受けながら、他の施設にも置く

▼図書を受け入れた場合、学校施設の維持管理は町が責任を負い、住民組織で利活用していく方式を取る

「公民館分館」の線はあきらめることなく、町が所有する図書が並ぶ公民館を、地域住民による運営組織で有効に活用していこうというイメージだ。

また三人の間では、五月中に利活用運営母体を組織する準備会を発足させ六月の設立を目指すことや、委員は各自治会から選出してもらうこと、図書の整理・陳列は全町からボランティアを募りながら作業を進めることも確認した。

二週間後の四月二十一日。三人きりだった「作戦会議」に、田中国光さん（65）、近藤誠一さん（59）、斉藤武さん（69）の三人が加わった。「準備会をつくるにも今のままでは人数が少ない。さらなる協力者が不可欠」と、鯉川地域七自治会のうち浜鯉川自治会長の

近藤さん、種沢自治会長の斉藤さん、それに橋本さんとは小中学校の同級生である田中さんに白羽の矢を立てたのだった。

小玉さんは新たな仲間に対し、橋本さんからの図書を受け入れるには維持管理の問題が片付いていないこと、それに学校の利活用が地域全体で進められるものとなり得るか不安であることを打ち明けながら、意見を求めた。この時小玉さんは、もし反対の声が強く上がったなら、活動からの「撤退」も考えていたという。先が見通せない〝戦い〟を勝ち抜くには、地域の団結こそがキーワードになると考えていたからだ。

しかし、それは杞憂に終わった。三人とも「ぜひ」と快く構想に乗っかってきた。「振り返れば、この日でリスタートの下地ができたのだと思う」と小玉さんは言う。

またこの日は、図書館施設の設立について相談するため、町を通じて派遣を依頼した秋田県立図書館企画・広報班主任図書専門員兼班長（現・同館副館長）の山崎博樹さん（57）を招き、旧鯉川小の間取りなども実際に見てもらった上で今後の活動についてアドバイスを受けた。

山崎さんは図書を公開する場合、「公立図書館」「私立図書館」「文庫」の三種類の選択肢があり、それぞれの手続きの違いや、ジャンル別の配架が望まれることなどを告げながら、「ボランティアに対するセミナーなどは私が対応します。相当の時間、労力は要しますが、学校に代わる地域の核となるよう頑張りましょう」と激励した。

公立図書館とする場合は、町において条例を作る必要が生じる。その町では五月に四年に一度の町長選挙を控えていた。条例のことを町に打診してみると、新たなことは選挙後に、といった雰囲気。そこで小玉さんたちは、これらについては選挙後の新町政に対して働き掛けていくということで意見集約し、ひとまず静観することを決めた。

スタートラインに

平成二十二年五月十六日。三町合併直後の新しい町の基礎を築いた佐藤亮一町長が勇退、新人による一騎打ちとなった三種町長選が投開票され、元郵便局長の三浦正隆氏が七三〇三票を獲得し、小差で初当選を飾った。

新町政の船出に合わせ、小玉さんらの活動も本格的に動き出す時がやってきた。

一一日後の五月二十七日を皮切りに、利活用運営委員会の設立準備会は計三回開かれた。この中で図書の運営方法については、縛りがなく自由に動けるように図書館方式ではなく文庫方式とすることを決定した。

　またこの時、彼らに一つの大きな決断があった。維持管理の面でこだわり続けてきた公民館分館の構想は、財政的な厳しさから町が重い腰を上げることはないと判断し、あきらめることにしたのだ。

「開設するには、お金や公民館の分館という形は確かに必要だった。でも、それがなかったらやめちゃう、という話ではもうなくなっていた」と小玉さん。また宮田ミチさんも「分館はダメと言われた時は憤懣やる方なしだったが、町の姿勢はどうあれ、文庫は作るという気持ちが常に先行していた」と語る。町には補助金などで活動を支援してもらえるよう要請を続けつつ、「文庫を作るのはあくまで住民」との意思形成は、もはや揺るぎないものとなっていた。

　このほか、旧鯉川小学校は今後「みたね鯉川地区交流センター」と呼ぶとともに、対外的には「橋本五郎文庫」を通称として用いていくことがこの頃の小玉さんの提案により決まっている。

　そして六月二十二日、六人（斉藤武さんは妻で町民生委員の房子さん（63）に交代）の有志に、昭和五十九（一九八四）年度から一六年間にわたって鯉川小学校の校務員だった板垣美代子さん（60）、元PTA会長の橋本辰夫さん（72）、伊藤邦雄さん（63）、小玉幹夫さん（57）、元消防署員の小山俊一さん（62）の五人を加え、さらに橋本五郎さんを顧問とした「みたね鯉川地区交流センター運営委員会」の設立会議を琴丘総合支所で開いた。会長には、準備会から中心的な役割を果たしてきた小玉さんが就任した。

一一人の運営委員が初めて顔をそろえたこの日、小玉さんは旧校舎の利活用の趣旨を記した文書を読み上げるとともに、「確認しておきたい事項」として箇条書きにした以下のことへの賛同を求めた。

①立ち上げのきっかけについて

○せっかくの施設を何らかの形で利用しようということ

○このままでは「もったいない」ということ

○地域住民の集うところがあってもいいのではないか

②運営について

○委員の実情に配慮して無理のない運営

○気楽で楽しい運営

○住民が気軽に協力してくれるような運営
○あるものを使い、使っていないものを提供してもらい、金のかからない運営

③**活動について**
○物心両面で委員の負担にならない活動
○われわれができる範囲での活動
○橋本五郎さんの活動への積極的な協力

④**利活用について**
○誰もが何にでも利用できる施設
○各種団体の利用を
○時間をかけ利用できる環境整備を

⑤**その他**
○あまり高尚な計画にならないよう、出来るところから
○少しずつ活動を積み上げていく気持ち

この文面を作成したのは小玉さんだが、物事のスタートにありがちな威勢のいい表現は

ほとんど見当たらず、そこには「無理のない」「気軽で楽しい」「出来る範囲で」「あまり高尚にならない」などと、身の丈に合った運営方針を目指そうとする言葉が多く並ぶ。

「大きいことを書いても、結局は自分が重荷を背負ってしまうだけ。どうしたら計画を前に進められるか、自問自答しながら書いた」と、小玉さんはこの時の心境を語る。一方で、「ボランティア団体とはいえ、これから準備を進めていくにはみんなの協力が絶対に欠かせない。『無理しないで』『できる範囲でいいんですよ』と言えば、その気になってもらいやすいかなと思って」との〝計算〟もあったのだという。

三日後の六月二十五日、小玉さん、児玉さん、宮田さんの運営委正副会長三人は、三浦正隆町長と面会し、運営委員会として「旧鯉川小学校の利活用に関する要請文」を提出した。

運営委員会が今後進める計画の構想や、大まかな準備スケジュールを示しながら、「橋本五郎氏より寄贈される本（当面二万冊）を中心とした文庫の設置とこれを核にした文化活動、社会活動、健康増進活動等を一体化させた地域の交流の場として学校を活用する」には、住民組織だけで維持管理するのは容易でなく、地域活性化、町に元気を呼び込む観点からも本は町で受け入れるとともに財政・人的支援も併せて強く願う、という内容だった。

事前にこの構想を聞いていたという三浦町長は、町に図書館を建設することは自分自身

文庫の取り組みを話し合う運営委員会メンバー

の悲願であったこと、岩手県宮古市の宮古郵便局に勤務していた時に出会った同市立図書館長の「立派な図書館を一つつくることは小さな大学を一つ誘致するのと同じだ」との言葉が印象に残っていることなどを紹介。「構想は大賛成です。要望の中味を検討して、町としてもできるだけ頑張ってみます」と約束した。

「事情が変わってきたな」。三浦町長との面会を終えた小玉さんはこの時、自分たちの活動に対し町側の対応、姿勢が、以前に比べ格段に協力的になってきたと感じた。

当初住民たちが求めた公民館分館

構想は、町の厳しい財政事情もあり、頓挫する結果となった。必要がなくなった施設に無駄な経費はかけられないというのが町の姿勢であるならば、住民たちには空き校舎を「放ったらかし」にしてしまう選択肢もあった。

ただ小玉さんたちは「廃れていくだけの地域を何とかしたい、それを憂う橋本五郎さんの思いを形にしたい」との強い思いを源にして行動し続けた。町の姿勢が変化したのは、まさにこの行動力があったからだろう。

小玉さんは語る。「当初町が財政の厳しさを前面に出して接してきたことは、それはそれで理解でき、特に批判するものではない。しかし、住民のやる気をそいでいては町、地域は元気付かない。活動への支援、図書に対する理解が高かった三浦町長には、本当に感謝している」

町長から財政面を含めた支援の内諾が得られたことで、先がまったく見えなかった文庫の設立に大きな光が差し込んだ。だが、この時期に小玉さんが書き記したメモには、煩悶の言葉だけが並んでいる。

「何も決まっていない。すべてはこれから。これまでは『どうするか』、これからはプラス『どうしたら』……」

今はまだ、スタート地点にようやく立ったに過ぎない。実際の開設までには、やることが山ほどある。小玉さんは少し気が遠くなる思いを感じつつも、薄ぼんやりとした状況の中で次に打つべき手は何なのかを考え始めていた。

七つの利活用案

「橋本五郎文庫」と聞くと、いかにも「図書ありき」の施設とイメージしがちだ。確かに本がメーンの存在ではあるのだが、この呼称はあくまでジャーナリストとして著名な橋本五郎さんの名前を冠することで「対外的に覚えてもらいやすいように」と考えられた呼び名であり、旧鯉川小学校の正式名称は「みたね鯉川地区交流センター」だ。文庫をセンターの「顔」として据えつつ、「誰もが気楽に集い、何にでも利用できる施設に」が、地域の人たちが描いたコンセプトだった。

文庫の開設までには紆余曲折があり、苦労の連続だったが、センターをどういった形にしていくかの話し合いは「とても楽しい作業だった」と運営委員たちは声をそろえる。

施設の利用構想の原案は、センター運営委員会の設立前に小玉陽三さん、児玉善市さん、宮田ミチさんの三人の話し合いの中でほぼ固まっていた。

図書を置くスペースのほか、各教室に▽思い出の部屋（卒業生にまつわる展示等）▽談話室（展示、イベントにも使用）▽講義室（会議室、研修室にも使用）▽郷土の歴史ルーム（言い伝え、昔話）――などを配置し、選挙の際の投票所や、町教育委員会による土器などの埋蔵物を保管するスペースを除いてくまなく校舎の有効利用を図る。

また、周辺の豊かな自然も利用しながら、ホタルの飛び交う鯉川づくり、校舎近くの湧水を活用する案、施設利用者で「五郎と語る会」を結成し、これからのコミュニティーの在り方、地域での新たな生き方の研究、人材発掘の場などにしていくとの期待も込めた。

二十二年六月二十二日に開いたみたね鯉川地区交流センターの設立会議に合わせ、小玉さんは協議のたたき台にしようとこれまでの三人の間での話を旧校舎の主な利活用案としてまとめ上げ、以下の七点を委員たちに提示した。

①図書館（文庫）

一階北側の給食室や二階の各教室などを活用し、本・雑誌等の閲覧、貸し出しを行う。

冊数は当面二万冊の予定だが、橋本さんからの継続した図書の提供や住民が読み終えて持っている書籍、雑誌、マンガ等の提供依頼などにより徐々に数を増やしていく。特に子ども、高齢者、女性など階層に分けて各部屋単位に分類することで、交流の濃密化と全層を対象とした部屋での幅広い交流を進める。

②**スポーツ活動・健康増進活動**

グラウンド、体育館を活用し、体力の維持向上や健康増進のための活動を進め、老若男女全ての階層が交流できる場とする。

③**文化交流**

図工室・理科室等を活用し、歴史資料館として埋蔵物（土器等）や地域に残されている歴史資料の収集・展示を行い、郷土を知る場をつくる。

④**相談・研修活動**

社会・生活などに関わる問題について、一人で悩まないような相談活動、さらには生涯を通じた学習・研修の場をつくる。

⑤**情報交換・住民交流**

生活室などの各室、体育館等を活用し、諸会議・集会・イベントの開催や趣味の会等、住民のさまざまな要望に応えるための施設として開放し、住民相互のふれあいの場とする。

⑥福祉活動

ひとり暮らしや高齢者世帯が増加しており、高齢者の集いの場として開放し、生活支援・元気を保つ交流の場とする。また子育て中の悩みが解消できるようなお年寄りとの相互交流の場をつくる。

⑦公共行事での利用

従来どおり選挙等公共活動で活用する。

文庫・交流センターを、図書を通じた地域の「知の殿堂」としてだけでなく、住民の健康増進、情報交換、社会学習の場として幅広く利用していく。この案は、満場一致で各委員の承認を得るとともに、現在のセンター運営にも息づく、まさに〝憲法〟となっている。

始まりは掃除から

旧鯉川小学校の利活用に関する打ち合わせ、利活用運営委員会の準備会といった会議のほとんどは、それまで三種町役場琴丘総合支所の会議室を借りて開かれてきた。運営委員会が正式に立ち上がったことで、今後は行政から自立した活動へと踏み出すべく、センターを置く旧校舎に「本拠地」となる事務所が設けられることになった。

その準備を前に、二十一（二〇〇九）年三月に閉校となって以来ほとんど人の出入りがなかった校舎内の状況を下調べしようと、七月上旬、会長の小玉さんら運営委員会の役員たちは、およそ一年四カ月ぶりに廃校舎の扉を開けた。

その時の状況は、監事の田中国光さんが克明に覚えている。その証言によればこうだ。校舎の中はゴミと虫の死骸が散乱し、窓は閉め切られていたため変な臭いが充満していた。教室や階段の隅はクモの巣が張り巡らされ、部屋に入るたび巣が顔にへばり付いた。水道の蛇口をひねると、赤錆の水が噴き出し、ストーブは故障していた。

もっと驚いたことに、校内にあった椅子や机、備品類が町内の他の学校などで活用するために運び出されており、各教室の黒板が学校だった面影を残すだけ。ランチルームにあった白い天板のテーブルがかろうじて五脚ほど残っていたが、文字通りもぬけの殻だった、という。

掃除には相当の労力が必要と思われる状況であり、各所の修理代もおそらく馬鹿にはならないと推測された。「果たして校舎は使えるだろうか」との思いが、その様子を目にしたみんなによぎった。しかし、文庫設立への道を走り出したからには、もう立ち止まるわけにはいかない。

　これを受けて開催した運営委員会の第一回役員会では、掃除をいつまでにどのように進めていくかおおよその計画が立てられた。校舎内にほうきとちりとりはあったものの、掃除機、雑巾などはなかったため、清掃日には各自必要な用具を持参することにし、作業服も「要着用」と決めた。

　掃除の第一弾は、第一回運営委員会開催日の七月二十一日に決行した。事務所を構える旧職員室の掃除を、一一人の委員と手伝いに訪れた琴丘総合支所地域振興課の職員らとで、ほこりまみれになりながら行った。

　二時間ほどして何とか片付け終えた職員室は、ちりも除かれ、ガランとした空間がより広く感じられたが、誰かが「何もない分、これからかえってやりがいがあるじゃないか」とことばを発し、笑いに包まれた。その夜は「決起集会」と銘打った懇親会が町内のレストランで催され、文庫開設に向けた拠点づくりへの第一歩を踏み出せたことにみんなが意気軒昂、大いに盛り上がりを見せたという。

　ちなみに、校内の清掃作業は会議で集まる機会などを利用して計五日間にわたって行われ、二階部分まで片付いたのは冬も近づく十一月上旬ごろであった。

県立図書館の山崎さん

橋本五郎文庫の開設作業を初期の段階から支え続けた人がいる。秋田県立図書館副館長の山崎博樹さんだ。

始まりは「元上司」からのオファーだった。

元上司とは橋本五郎さんの実兄であり、平成元（一九八九）年四月から八年間にわたり秋田県教育委員会教育長を務めた橋本顕信さんだ。「何回か電話があったようで、何かなと思って連絡を取ったら、『弟の面倒を見てくれ。図書館づくりで困っているようだから』と。市町村や学校図書館の指導が私の仕事なので、取りあえずサポートします、と答えました」。

三種町からの依頼という形を取り、二十二（二〇一〇）年四月二十一日の学校利活用打ち合わせ会の場に同席して以降、大まかな部屋の構成・配置や、図書の分類方法、配架、貸し出しのための管理システムの導入といった図書館づくりのイロハをアドバイスした。

山崎さんにははじめ、住民だけでの図書館づくりには懐疑的な思いもあったという。こうした施設を設立する際、行政の関与は半ば当然のことだし、二万冊に及ぶ図書をジャンル別に分類、配架、データ処理していく作業は、専門的な知識を持つ図書館職員だけで取り組んでも「おそらく一年以上はかかる」（山崎さん）。それを図書館に関する知識をまったく持たない、言わば「素人」たちでやろうというのだから、推して知るべし、である。

しかし、そんな「常識」などすぐに吹き飛んでしまった。「小玉さんのリーダーシップはもちろん、住民たちは真面目だし、何よりみんな明るいのが素晴らしかった」。小玉さんらからは相談の電話などが何度もあり、図書館に直接足を運んでもらいもした。何かと頼られるのも「人としてうれしかった」と話す。

二回目以降は町からの依頼なしに文庫を訪問するようになった。最初は私的に関わっていくつもりが上司である石井鈴子館長の理解もあり、業務の位置付けで全面的にバックアップした。市町村図書館の指導は原則年一回という中にあって、足繁く通う「特別待遇」で熱いラブコールに応えた。

何かを真剣に成し遂げようとする強いパワーは、時に多くの支援者を引き寄せ、巻き込み、乗せていく。「一から何かを作っていく姿は、見ている方もワクワクした。文庫に関わるチャンスをいただき、光栄だった」。山崎さんはまさに、そうしたパワーに「乗せられた」一人だった。

ボランティアの募集

小玉さんを会長に一一人のメンバーで構成するみたね鯉川地区交流センター運営委員会は、二十二（二〇一〇）年七月二十一日の第一回以降、ほぼ一カ月おきに開催された。

初回は今後の運営の方向性や環境整備の方法などが話し合われ、八月二十七日の第二回委員会では各部屋の利用方法を新たに練り直すとともに、その青写真に基づいて備品・事務用品として必要なものをリストアップしていくことを確認。また委員会の設立と施設の大まかな利用構想について、鯉川地区七自治会を通じたチラシ配布などで地域住民に周知していくことを決めた。

運営委員会の設置後、今後の施設運営について町側と折衝を続けてきた中で、九月二十七日の第三回委員会の頃には、方向性もだいぶ具体化してきた。

まず、懸案だった橋本五郎さんから届く図書の引き受け手には町がなり、その図書を運営委員会が白紙委任を受ける形で活用していくという方式が確定した。橋本さん本人が出席しての「贈呈式」の日取りは、十月二十九日と決まった。

また九月定例町議会において鯉川、上岩川の旧小学校二校の利活用準備に四〇万円の町単補助金を拠出するための補正予算案が可決し、うち三〇万円が鯉川に配分されることが決定。七月に廃校舎へ事務所を開いて以来「手弁当」が基本だった運営委にとって、当座必要な備品などを準備するための「軍資金」がようやく手に入ることとなった。

このほか施設の利活用を前提とした上下水道の工事費、水道光熱費、火災報知器の設置費用などは町が負担する一方、電話設備や冬場の灯油代については委員会が負担していく方向で協議が進んでいることも報告された。

さらにこの日、町とのタイアップの下、文庫の開設準備のためのボランティア募集が正式に決まった。

みんなが参加し、みんなの手で、みんなの力を結集する。文庫設立の基本が「手づくり文庫」であることは、運営委員会やそれ以前の準備会の中で再三確認されていた。したがって、できるだけ多くのボランティアを募り、文庫に関わりをもってもらい、「自分たちの文庫」と意識付けることが今後の文庫運営には必要不可欠な条件であったし、文庫開設の

ボランティアを募集する
チラシ

あなたも文庫づくりに参加してみませんか

「橋本五郎文庫」を作る会
会長　小玉陽三

秋も深まり、里も紅葉の季節を迎えております。
さて、私達は今、旧鯉川小学校に図書館（橋本五郎文庫）を作ろうとしています。

その経過を申し上げますと、児童も居なくなり寂しくなった学校の話を聞いたテレビでお馴染みの五郎さんが、自分が所蔵する数万冊の本を町に寄贈し、自分の母校に置いて利用してもらいたいとの強い要望がありました。

そこで、こうした善意を大事にしていくため五郎文庫として地域のために活用していくこととなりました。

我々は皆素人の集まりです。文庫づくりについては県立図書館のご協力もいただきますが、皆さんの参加によりみんなの文庫として出発したいと思っております。なお、参加・協力の内容は次のとおりです。

協力願いたい事項
　本の分類・登録
　本の配置
　その他
参加願いたい事項
　室内装飾
　その他
連絡先
　「みたね鯉川地区交流センター」内「橋本五郎文庫」設置事務局
　三種町天瀬川　小玉幹夫　ＴＥＬ０１８５（８７）３５５５
　三種町琴丘総合支所地域振興課
　ＴＥＬ０１８５（８７）２１１１

自然に囲まれた田園文庫づくりにご協力を

平成２２年１０月

平成 22年 11月 22日

各　位

みたね鯉川地区交流センター
運営委員会　会長　小玉陽三

「橋本五郎文庫」づくりボランテイアへの説明会開催
及び今後の作業スケジュールの確認について

初冬を迎え、寒さが身にしみる季節となりましたが、皆様にはご健勝のことと存じます。
11月始めにボランテイア募集のチラシを配布したところ、皆様には趣旨をご理解のうえ、さっそくご賛同いただき誠にありがとうございます。
さて新聞等にも紹介されましたように11月14日に橋本五郎さんより所蔵本の第1便（約5,000冊）が到着し、いよいよ本格的に文庫づくりにとりかかることになりますが、なにぶん手探りの出発であり、皆様のご協力がなければ進んで行かないものと考えております。
つきましては、下記により秋田県立図書館のご指導のもとボランテイアの方々への説明会を開催するとともに、今後のスケジュールに沿った体制づくりを進めたいと思いますので、ご多忙とは存じますがご出席のうえご支援下さいますようお願い申し上げます。

記

1.　日　時　　平成 22年 12月 4日（土）　午後 1時 30分

2.　場　所　　交流センター「事務室」（旧鯉川小学校 職員室）

3.　作業内容
・本の分類（十進分類法を簡素化）、分類番号をフセンに記入
・データ（書名、著者名、分類番号など）のパソコン入力
・図書ラベルの作成、本への貼付
・分類順に図書を書棚に配架
・机のカバー作り、カーテン張替え、内装飾りつけなどを含め、様々な作業が必要になると思われます。（みんなでアイディア）

4. スケジュール予定
・11月29日（月）：第2回目の図書到着（年内中には全部搬入予定）
・12月1日（水）：町広報誌掲載、本の寄贈・机等の提供依頼チラシ
・12月11日（土）より作業開始（以降、毎週水曜・土曜・日曜に実施）

※　説明会当日出席できない方は、作業日（12月は12/12・15・18・19・22・25・26予定）に合わせおいで下さい。事前に参加可能日を確認し、以後ローテーションを組んで進めることになります。

指南役である県立図書館の山崎博樹さんからも強く指摘されていた。

そして十月、運営委員会では「旧鯉川小学校を地域のために活用しよう」とタイトルを付した挨拶文と併せて、「あなたも文庫づくりに参加してみませんか」「自然に囲まれた田園文庫づくりにご協力を」などと記したボランティア募集のチラシを旧琴丘町内の全戸に配布した。

小玉さんはどれだけの人が集まるだろうかと思っていたが、数日後にはたちまち数十人のボランティアが名乗りを上げ始めたことに目を丸くした。ただおかしなことに、それは内鯉川集落と学校から約三キロ離れた川岱《かわだい》集落に集中していた。委員たちに聞いてみたところ、監事の田中国光さんが内鯉川と川岱の全戸を直接訪問してチラシを配り歩いていたのが〝判明〟した。

田中さんは元国鉄マン。秋田県能代市の東能代駅から青森県南津軽郡田舎館《いなかだて》村の川部駅とを結ぶ五能線の運転士を長く務め上げ、労働組合支部の委員長にもなった人。「何事も、努めて面白く」「苦労はしても、苦痛にしてはだめ」を人生のモットーに、楽しいことが何より大好き。五十八歳で退職してからは農業にも新たな喜びを見出していた。

鯉川小学校の廃校が決まった時は寂しくて仕方がなかった。学校の前を通って田んぼに向かう道すがら、「空き校舎にしておくのはもったいないな。何とかして活用できないものか」と、自治会の会合では老人ホームにすることを提案するなど、あれやこれやと思いを巡らせていた。そうして過ごしていた中でこの年の春、橋本五郎さんの小中学校時代の

田中国光さん

同級生として運営委員会準備会のメンバーにならないかと声をかけられた。「沈んでいる地域を何とかできるかもしれない」と躊躇なく飛び付いた。

田中さんは文庫づくりを成功に導きたい一心で、ボランティア集めに各家々をお願い行脚したのだった。「『本の整理などやったこともないし、自信がないのでちょっとね……』と断られたりもしたが、不安に思いながらも『みんなでやらねばならねべす(やらないとならないだろうし)、手伝いますよ』と言ってくれる人も多かった。地域のために頑張ってみようという住民の決意も垣間見られて、本当にうれしかった」と話す。

協力を申し出てきた人たちに、ボランティアとして登録するからにはある程度の出務もお願いする旨を再度伝えたところ、田中さんがかき集めた数十人は一〇人程度にまで減ってしまった。しかし田中さんの熱意が波及していったのか、十一月末までに登録数は能代市の二人、旧山本町の二人を含む四〇人に達し、さらに春のオープンまでに一、二回は参加したい、手伝いたいという「バックアップ要員」も五〇人ほど確保できた。

「ボランティアの人たちはそれぞれがいろいろな考えで参加したと思うが、共通して言えるのは、二万冊の本で自分たちの文庫をつくり、疲弊しつつある地域を少しでもにぎわいあるものにしようという思いだったのではないか」。田中さんはそう受け止めている。

贈呈式

十月二十一日の第四回運営委員会では、会長の小玉さんから、町より三〇万円の補助金が交付されたこと、町側に出していたランチルームの手洗い場、上下水道といった施設の改修要望やストーブの用意などに対して回答が届いたことが報告された。また今後の大まかな作業計画、県立図書館の指導を受けて作成した各部屋の利用案が提案され、それぞれ了承を得た。

作業計画は、十月に橋本さんから町への図書贈呈式、十一月にボランティアの募集、住民に対する書籍の提供呼び掛けを経て、十二月から本の配置作業をスタートさせるというもの。また文庫・センター内外の環境整備、町による校舎の改修工事、文庫以外に住民が交流を深められるようにするための各種事業計画の作成、文庫に関する広報活動なども同時進行で、開館となる春まで抜かりなくこなしていくことも確認された。

また、各部屋の使い方については、メーン文庫（第一文庫）をバリアフリーの観点から一階のランチルーム兼家庭科室に設置。二階の各教室には文庫、談話室、郷土の歴史室、

橋本五郎さんからの図書贈呈式（2010年10月29日）

会議室、各種展示会が開催できるイベント室、卒業生の思い出の品などを展示する思い出ルームをそれぞれ配置し、じゅうたんが敷かれている旧図書室は住民から寄せられた絵本やマンガなどを並べる「親子のための文庫」にすることに。このほか一階の旧音楽室は音楽教室やカラオケ、ミニライブなどが楽しめるスペースに割り振った。

そして、この日から八日後の十月二十九日午前、東京から橋本さんが来町し、町役場町長室で蔵書二万冊の贈呈式が行われた。

橋本さんは三浦正隆町長に目録を

手渡しながら、「ふるさとを離れて四六年、これまで何のご恩返しもできないでいたが、昨年（二十一年三月）母校が一二五年の歴史に幕を下ろしたのを機会に、たくさんある本を贈りたいと思い、申し入れしました」と寄贈を思い立った経緯を説明。新聞の書評担当者として出版社や著者などから贈られた本も含めた数万冊の蔵書は、自宅には到底入り切らず、都内に蔵書を保管するためにマンションを借り、三〇余ある書棚へと収められていると語った。

また、「本にはいろいろな思いもあり、嫁に出すような気持ちです」と橋本さんは寄贈への思いを表現、わざわざ専用のマンションに本を〝住まわせる〟ほど、自身にとってかけがえのない物を人に託すことへの複雑な思いを吐露した。

贈呈式に同席した小玉さんは翌年四月二十九日の文庫開館の記念式典のあいさつの中で、橋本さんのその言葉を聞いた時、橋本さんの書物に対する思いを改めたことを明かしている。

「家やマンションが本で埋もれているというから、最初は引き取ってあげれば人助けになるなとも思っていた。しかし『蔵書を贈るのは大事な娘を嫁に出す心境』という言葉を聞き、そうじゃないんだと。誰が見ても恥ずかしくないようなものを作らなければと思った」

目録を受け取った三浦町長は、「鯉川だけでなく、三種町全体にとってもありがたいことです」と感謝を述べ、町の文化振興、町民間、町外の人との交流に大いに役立てていくことを橋本さんの前で誓った。

二万冊の一ページ

平成二十三（二〇一一）年四月二十九日。三種町出身の橋本五郎さんから寄せられた二万冊の蔵書を収めた「みたね鯉川地区交流センター・橋本五郎文庫」の歴史の一ページが開かれる日が、ついにやってきた。

この年は春先から天候が不順で、オープン前日までの一週間は雨が断続的に降っていた。二十九日も天気予報には雨マーク。空模様に誰もが気を揉んでいた。しかし、センター運営委員会のメンバーをはじめとした地域住民みんなの願いが天に通じたか、空は見事なまでに晴れ渡った。

敷地内にある三〇本余のソメイヨシノは、春の光を浴びて一斉にほころび出した。「五月の運動会は桜の下で走った記憶がある。昔に戻ったみたいだな」。みたね鯉川地区交流センター運営委員会会長の小玉陽三さんはそう思った。

地域のみんなが知恵を出し合い、みんなの手でつくりあげた文庫が、誰からも愛され続けることを願いながら午前八時、運営委員、ボランティアが次々と集まってきた。そしてオープンに合わせて製作した、背中に「橋本五郎文庫」と印字されたグレーのセンターユニホームにそれぞれが袖を通した。

ボランティアを募集し、前年十二月に本格的な準備作業をスタートさせてから約五カ月。ガランとしていた廃校舎に改めて備品や書架を運び入れ、足りない書架は地元の大工に頼んでこしらえてもらい、橋本さんから届いた二万冊の図書を一冊一冊仕分けして並べ上げた、究極の手づくり文庫。とうとうここまでこぎ着けたという安堵感やうれしさが誰の顔にも浮かぶ反面、式典はうまくいくだろうか、人はやって来てくれるだろうかといった心配、不安ものぞく。しかし、あとはもうなるようにしかならない。小玉さんが「任務に万全を期してほしい」と一声激励すると、それぞれが事前に割り振られていた持ち場へと一斉に散らばった。

八時十五分、最終準備作業のスタートだ。

来場者を迎え入れる受け付け係は、来賓のメンバー表に合わせて胸章リボンの紅白、大小を確認。一般用の受け付けも式典会場の体育館入り口に設置し、パンフレットを入れた封筒三百人分を机の上に並べた。

接待係は、二〇人以上の来賓・招待客に応対する大事な役割。お茶は接待場所の第一文庫で出すことにし、椅子の準備など失礼にならないように万全を期した。

駐車場係は四カ所に用意した駐車場の管理を担当。一般来場者は第二駐車場から順次使用させ、満車になり次第、第三、第四へと移していく段取りを係の間で申し合わせた。オープニングセレモニー開始四時間前の午前九時過ぎには早くも駐車場に車が入り始めた。

式典会場の体育館では、前日までに準備した来賓者の席順の再確認や、一般用椅子の整列具合の調整、会場を暖める二台のジェット暖房への火入れ、演壇に上げる借り物の盆栽の設置、電動の緞帳がスムーズに作動するかどうかの試験などがスクランブル状態で進行した。さらに式典で司会を務める宮田ミチさんは、舞台裏で音声を担当する夫の鶴吉さん(69)に声を掛けながら、マイクを使って入念に進行アナウンスの練習を繰り返した。

宮田ミチさんは、鹿渡地域の南外れで鯉川地域に近い山谷集落の生まれ。東北労働金庫に勤務し、平成二十(二〇〇八)年に定年退職した。転勤族とあって現役時代は地域とっながれる時間がなかなか持てなかったことから、退職後は「地域の人と交流を深めたい」と、さまざまな会合に積極的に顔を出し、町のコーラスグループにも入会するなどしていた。

琴丘地域公共施設利活用検討委員会の委員にと打診されたのは、ちょうどそんな時期で

宮田ミチさん

もあった。「鯉川小は母校ではないけれど、三人の子どもが世話になった学校。廃校後は何かに利用できないかなと考えていたし、委員として関われるのはうれしいことだった」と話す。

検討委員会の中で、橋本五郎さんからの図書寄贈の話を紹介したのが、実は宮田さんだった。「会議の前に、宮田（幹保）町議から耳打ちされて。ただ、五郎さんの思いには私も共鳴した。地域の人にとっての心のよりどころになるはずだと」。と同時に、「われわれの年代にはこれだけ時間がある。その力を何とか生かせるのでは」とも考えたという。

検討委員会でまとめた「公民館分館」としての利用構想は頓挫しても、その後、思いを同じくする小玉さんらと文庫開設に突き進んだ。鯉川地域の婦人会長、そして女性ボランティアたちのリーダーとして、運営委員会では副会長の重責を任された。

式典の司会は、男性たちから強く推されたこと、副会長としての責任からも「一大決心で引き受けた」。ただそれまでやってきた司会といえば、せいぜい一〇人程度の小集会ぐらい。大役が決まって以降、出演者らと打ち合わせを重ね、自ら進行シナリオを作成した。「とちったらどうしよう」と不安になる時もあったが、幸い鶴吉さんは町の公民館の元臨時職員として司会の経験が豊富で、「とにかくリラックスし、ゆっくり、正確に原稿を読めばいいんだ」とのアドバイスをもらっていた。

それを心掛け、何度も何度も練習したこともあり、本番では快調な声を響かせて約二時間の式典を最後までスムーズに導いた。

運営委員会監事の田中国光さんによると、「宮田さんの司会は本当に上手だった。一つ一つ丁寧に言葉を発し、早からず遅からず、プロ顔負け。司会者をどこから頼んできたのかと聞く人もいた」という。

人、人、人

式典の準備も午前十一時すぎには概ね終了し、あとは本番を待つのみとなった。しかし運営委員会のメンバーもボランティアたちもどこか所在なさげで、何か忘れているものがないかと、特に用事もなくあっちへ行ったりこっちに来たりで落ち着かない様子。九時三十分ごろから入り出した来場者は、二時間後には百人ほどになった。正午の活動開始を前にここで昼食タイム。注文したおにぎりのほか、女性ボランティアが持ち寄った「お茶ご飯」やたくさんのおかずが、この日の頑張りの源になった。

正午。ボランティアらがそれぞれの持ち場に就き、受け付けも開始した。入場者はどんどん膨らんで、すでに三百人以上。あちらこちらに「おめでとうございます」とのお祝いの言葉が飛び交うのを聞き、運営委員たちは今までの苦労が報われた気分になった。

ほどなく三浦正隆町長をはじめ町の要人、役場の各課長・職員らが到着した。みんなが人の多さに驚きを隠せない。来場者は後を絶たず、午後〇時三十分にはついに四百人を超えた。まさに人、人、人の波だ。

そして橋本五郎さんと東京からの来賓を乗せたバスが到着すると、運営委メンバーの忙しさもピークに達した。

バスから降りてきたのは、財務事務次官の勝栄二郎氏をはじめ、政治ジャーナリストの田村玲子氏、日本経済新聞特別編集委員の伊奈久喜氏、時事通信解説委員の鈴木美勝氏、日本テレビ執行役員の城朋子氏、同チーフプロデューサーの西山美樹子氏、雑誌『歴史通』編集長の立林昭彦氏といったそうそうたる顔触れ。橋本さんの妻和子さん、長女美那子さん、二女佑子さんの姿もある。この少し前には橋本さんとともに「秋田を応援する首都圏文化会議」の世話人を務め、式典で特別講演を行う秋田市出身の女優、浅利香津代さんが到着した。

この日の主役である橋本さんは、センター内に足を踏み入れるなり在京の客人への文庫紹介や地域住民、同級生、ファンらとの記念撮影に大忙しだ。合間にはテレビや新聞等の取材にも応じながら本番の時を待った。

駐車場の係員からは「第四駐車場まで満杯になった、この後の車はどこに誘導したらいいものか」との連絡が事務室に入った。最終的には田んぼ道に入れたり、民家の前や道路に二重駐車させたりと、もう収拾がつかない状態だ。

オープニングセレモニー

午後〇時五十分、開館の時を待つ交流センターにお囃子と太鼓の音が近づいてきた。鯉川地域で最も大きな集落である浜鯉川の「鯉まつりみこし」の到着だ。

鯉まつりは、地名にあやかった地域活性化行事として昭和六十二（一九八七）年に住民たちが始めた行事で、毎年地区の鎮守、磯前神社の祭典日である五月五日に開催されている。長さ一・八メートルの木彫りの大ゴイが、かつて日本第二位の面積（二二〇キロ平方メートル）を誇り、現在は干拓地の残存湖となっている八郎潟から二級河川・鯉川を船に

浜鯉川集落で毎年5月に行われる「鯉まつり」のクライマックス

乗せられて遡上、浜鯉川集落内に架かる橋で陸地へと引き上げられる「鯉の滝登り」がこのお祭りのハイライト。その後大ゴイがみこしとして担がれ、山車を従えながら地区内を練り歩く。

ワッショイ、ワッショイというみこしの背負い手の威勢のいい掛け声に、センター前の駐車場広場は黒山の人だかりとなった。山車には地域の子どもたちが乗り込み、小気味よいお囃子に合わせて鯉みこしが上に下に、右に左にと大きく揺れた。来場者へのお披露目終了後は、橋本さんからお礼にと、子どもたち一人ひ

橋本五郎さん、小玉陽三会長らでテープカット

とりに図書券がプレゼントされた。

同一時十五分、玄関前では記念のテープカットを行おうと橋本さんを真ん中に、小玉陽三さん、三浦正隆町長、児玉信長町議会議長、岩谷作一町教育委員長の五人がはさみを持って整列。「せーの」の掛け声で一斉にテープを切ると、観衆から大きな拍手が湧き起こった。

表玄関とメーン文庫の入り口に掲げられた「橋本五郎文庫」の看板は、中曽根康弘元首相が揮毫した。表玄関がケヤキ製で、メーン文庫入り口の物は日本三大美林に数えられる秋田杉で作られた。元首相直筆の書は額に入れられ、第一文庫内のどの位置からも見える、一番奥の真ん中に据え付けた。

文庫にどのような看板を設けるべきか検討していた運営委員会に驚くべき知らせが舞い込んだのは一月下旬だった。看板の文字を中曽根元首相が揮毫してくれるというのだ。

橋本さんにとって中曽根元首相は、「四〇年政治記者をやってきた中で一番尊敬できる人」。元首相に直々に揮毫を依頼したところ、普段はこうした類いのものは断ることにしていた人が、橋本さんを「特別の人だから」と言って快諾したのだった。

橋本さんの小中学校時代の同級生で町議会議員の宮田幹保さんに、橋本さんから「快く引き受けてくれた」との一報が入り、それを伝え聞いた小玉さんが運営委員やボランティアたちに報告したが、その瞬間は誰もピンと来ず、冗談だと思った人も。しかしその事実が間違いないと確認するや、拍手や歓声が湧き起こるのも当然だった。

田中国光さんは「五郎さんの人脈の太さにただただ驚かされた。同時に、中途半端な文庫づくりだけはしてはならないと気持ちも引き締まった」と振り返る。

オープニングセレモニーに集まった人たちの誰もが、看板の文字が中曽根元首相のものと知って驚きの表情を見せ、視線は味わいある筆跡へと釘付けとなった。

中曽根康弘元首相が揮毫した正面玄関の看板

文庫はみんなのもの

来場者はいったい何人になっただろう。町内だけでなく近隣の能代市や八郎潟町、秋田市などから来た人の姿もあった。一般入場者用のパンフレット三百袋はきれいに捌けた上に、廊下、各部屋にはまだぎっしりの人。誰かが「五百人は下らないだろう」と言った。式典会場の体育館に用意された三百席のイスのさらに後方に一〇畳間用のゴザを六枚ほど敷き詰め、イスに座れない人はそこに座ってもらったが、それにもあぶれて、立ち見となる人も続出した。

午後一時四十五分、橋本五郎さん、三浦町長、浅利香津代さんら来賓が入場し着席、いよいよ式典が始まった。はじめに登壇した小玉さんは、こうあいさつした。

本日は本当にありがとう。運営委員会を代表して心から感謝します。桜もきょうに合わせて一斉に咲き出した感じです。今から三カ月前、五郎さんとこの文庫ができたら桜の下で一杯やりたいもんだと話をしました。桜の下で飲むことはできませんでしたが、約束通り二万冊の寄贈本をここに収めることはできました。これも寒い中、一生懸命に作業をしてくれたボランティアの方たちをはじめ同級生、卒業生、協力してくれたみなさんのおかげです。

二年前、五郎さんから数万冊の蔵書寄贈という話がありました。五郎さんからは、本の送り先は地域の元気を取り戻すためならどこでもいい、ただ母校である鯉川が一番いいという話でした。われわれは大事な物をあまりに簡単に捨ててしまうようになったが、物は大切に、お世話になったものに感謝することが人を、社会を思う気持ちに通じるという言葉も聞きました。こうまで言われて、本を他の地域にやってはならない、五郎さんの思いを踏みにじるわけにはいかない。悩むことはない、やるだけのことはやろうと決心しました。

三浦町長からもできる限りのことはしましょうと強い後押しをいただき、琴丘総合支所の協力もあって、廃校後何もなくなっていた学校に少しずつ物がそろい出し、開設準備の推進役となるボランティアには四〇人が手を挙げてくれました。図書を運ぶため四カ月間で六回往復してくれた近藤雅裕さんには大変難儀を掛けました。よく事故を起こさなかったと心から感謝しています。県立図書館の山崎班長さん（当時）は、素人の集まりの大変よき相談相手になってくれました。（母親が鯉川出身で能代市在住のイラストレーター）青柳顕子さん、（文庫オープンの）ポスターを作ってくれてどうもありがとう。

そして中曽根元総理からは看板をいただいた。非常に重厚で、この文庫に重厚さが必要かは分かりませんが、とにかく大変なプレゼントです。盗まれないように、大事に使います。

大震災、そして原発事故と非常に重苦しいムードにある中、五郎さんは東日本大震災復興構想会議のメンバーとして大変な重責を担っておられる。今こそ地域の絆を強くし、互いに助け合い、一人で悩まず閉じこもらない環境をみんなで作っていかなければならない。そしてまた、これが震災の教訓になるのではと思っています。一日も早い復興を願いつつ、自分たちでできることは自分たちでやるという自立社会を作っていかなければなりません。

みんなで地域を元気にしようではありませんか。五郎さんと、五郎文庫と、今後もともに歩くことを約束します。地域内、地域を超えた交流が活発になるよう知恵を出し合い、皆さんがもう一度見たいなという文庫にしていきたい。この間、いろんな方

青柳顕子さんが描いた「橋本五郎文庫」のＰＲポスター

から提供された本も大事に使わせていただきたい。文庫は皆さんのものです。この文庫を核にしていきたいと思っていますので、これからもご支援をよろしくお願いします。

そして夢は実現した

小玉さんのあいさつに続いて、三浦町長が開館への祝意と地域住民の労をねぎらいながら式辞を述べ、佐竹敬久秋田県知事からのメッセージも読み上げられた。そして約四万人の参加があった「二〇一〇年ピティナ・ピアノコンペティション」の全国決勝大会で入選を果たした町職員の伊藤朱美さん、都山流尺八竹師範の田中寒山さん（三種町鹿渡出身）による記念演奏が式典に花を添えた。

この後、橋本さんが「五郎文庫への私の思い」と題して記念講演を行った。以下がその内容だ。

橋本です。二〇一一年四月二十九日は私の六四年の生涯で最良の日となりました。

私の夢が実現するとは思ってもみませんでした。私はただ持っている本を贈っただけで、こういう形になったのもまったく皆さんのおかげです。

町の財政が大変な中、町長さん、ありがとう。先ほど小玉陽三さんからは、これにかける思いが披露されました。大変な苦労だったと思います。心からお礼申し上げたい。そして私の小学校時代からの同級生で町議の宮田幹保君、ありがとう。一生懸命予算獲得に頑張ってくれました。

文庫開設日に講演した橋本五郎さん

そしてこの文庫にふさわしいから ぬ立派な看板を提供していただいたのは中曽根さんです。この文庫に自分の名前を付けることは面映かったが、人が来てくれるならそれでいいとある時期、割り切りました。それならば、看板は私が最も尊敬する人に書いてもらおう、四十数年の記者生活で最も尊敬できる政治家に書いてもらおうと、妻にその名前を伝えました。夫婦で初めて、中曽根さんで意見が一致しました。そして九十三歳の中曽根さんが書いてくれました。

この文庫にはいろんな人のいろんな思いがこもっています。私はいろんな人から助言をもらいました。そもそも文庫を作ること自体の意味についてもいろんな意見がありましたが、私はこう思いました。学校が無くなる、しかも自分の学んだ小学校が無くなるのはえらいことです。私たちは、人によっては二、三キロ歩いて通っていたでしょう。歩いて通うことは路傍に咲く花の美しさを知る、トンボが飛ぶ姿を見て命あることを知る上で大切なことです。上級生は下級生、下級生は上級生を見ながらの登下校もまた大事なことです。学校統合は避けられないことなのかもしれないが、失われるものも随分あるわけです。

だからこそ、学校は無くなってもみんなが集まる場があればと思いました。本など読まなくても、姑たちが集まって嫁たちの悪口を言い合っているうちに、自分の嫁の方がよっぽどいいと思って、家に帰って嫁にやさしくなることがあるかもしれない。

文庫の開設を機にいろんなことをやろうとしています。（ニュースキャスターで番組で共演した）辛坊治郎君は、ここにタダで来ることになっています。そこに行けば誰かいるかもしれないという場所があることが大切なんです。

私には何の取り柄もなく、あるのは本ぐらいしかない。私たちの一生は限られています。そうした中で、本を通じていろんな人に会うことができます。私は、本はかけがえのないものだと思っています。本を読みながらその日一日の自分を反省したり、落ち込んだ気持ちを奮い起こしたり、いろんなことが可能です。

わが町だけでなく、いろんな人が利用し、この文庫が少しでも皆さんの生きる手助けになればと思っています。


講演時間は一〇分ほどとそれほど長いものではなかったが、そこには橋本さんの文庫、そしてふるさとに対する思いが凝縮され、聴衆の感動を誘った。

浅利香津代さんは「文庫への私の期待」の演題で、秋田弁を交えた楽しい講演を披露した。そして「人と人とが助け合い、みんなで楽しくよりよい人生を過ごす一つのともしびが生まれたことに感動しています。これから私も文庫に立ち寄り、さまざまお手伝いしていきます」と約束した。

午後四時。二時間の式典は万雷の拍手に包まれながら無事に幕を下ろした。

運営委員、そしてボランティアはこの一カ月間、この日のために必要な備品や用具をそろえ、会場の装飾、式典の練習を重ねながら臨んだ。何回も何回も、お互いがイメージトレーニングをし、時には式順を巡って激しく議論を交わす場面もあった。

予定と寸分の狂いもなく、しかもほとんどトラブルもなく終了したことにみんなが驚きながらも、その表情はうれしさと満足感、清々しさに満ちあふれていた。

自分たちの取り組みが地域にどこまで理解されているのか。そんな不安な思いを抱えていた小玉さんをはじめとした運営委員たちは、予想を上回る来場者という形で地域が応えてくれたことに、成し遂げたことの素晴らしさを再確認していた。

一方で、この日、この場所で起こった「奇跡の出来事」は、住民たちに新たな思いを呼び起こしてもいた。

宮田ミチさんは「今まで見たことがないような人数に、それだけ期待が持てる施設だということが分かったし、自分たちの自信にもつながった。一方でこれだけ注目してくれるのだから、それに値する施設を築いていかないといという気持ちも芽生えた」と気を引き締め、児玉善市さんは「これほど関心を持ってもらえるものとは思わず、驚いたが、地域はこの通りの現状。これからいかに関心を持たせるか、対策を打っていかなければ」と思った。

「自分一人ではどうにもならなかった。ミチさん、善市さんはじめ、多くの人への感謝であふれた」という小玉さんは、地域の「理解力」というものにも感服していた。「地域の応援とかが表面的にはあまり見えず、せいぜい二百人集まればという思いだったから、とにかく驚いた。ボランティアから聞いて来た人、本が好き、学校が変わったことへの興味、五郎さんの話が聞きたいなど、いろいろあったのだと思うが、それでもみんながこの日を心待ちにし、共感してくれたのがうれしかった」。と同時に「開館して終わりではまったく意味がない。せめて一〇年は続く施設にしなければならない」と、二人と同様に強い責任感も湧き起こった。

地域の絆をつなぐ上で、かけがえのない小学校。それが文庫・交流センターと形を変え、人々の心のよりどころとしてこの日、鮮やかに蘇った。しかし、それは今後続いていくであろう橋本五郎文庫の歴史のほんの一ページが開かれたに過ぎない。大事なのはこれから。最高のスタートを切った今、この場所を地域の期待に応えるものにしていきたいとの思いは、みんなの中で大きく膨らむことになった。

教育
経済
軍事
法律
自然科学
医学
終了しました。

第二章　仕分けボランティア奮闘記

橋本五郎さんの蔵書をそのままに生かした「橋本五郎文庫」。廃校舎の利活用を探るため検討委員会が設置されてから三年。平成二十二（二〇一〇）年十一月には、文庫を作るため欠かせない人材、ボランティアもめどがついた。しかし、二万冊にも及ぶ本をどう分類し、どう整理していけばいいのか。十分なやる気と、同じぐらいの不安を抱えて、開設準備の作業はスタートした。

予備知識もまったくないまま図書の仕分けを基礎から学び、悪戦苦闘の連続だった四〇人のボランティアたち。「五郎さんのため」「母校のため」という思いだけを頼りに山あり谷ありの道を、北国の人間ならではの粘り強さでゆっくりと着実に進み、その足跡がくっきりと残された。およそ五カ月にわたった仕分け作業を振り返る。

「手づくり文庫」のはじまり

文庫を作るにあたっての基本は、一人でも多くの人が参加する「手づくり文庫」であること。そのため、町ともタイアップして、文庫設立に手を貸してくれるボランティアを募集することを決定した。そこで、「あなたも文庫づくりに参加してみませんか」と題したチラシを作成、三種町《みたねちょう》内全戸に配布した。さらに、橋本五郎さん出身の地である〝お膝元〟の鯉川《こいかわ》地区では各家々を訪ね、文庫の設立を訴えながらボランティアを募った。

「橋本五郎文庫を作ることになりまして。手伝ってくれるボランティアをお願いにきたス」。どれほどの人が引き受けてくれるだろうか。文庫のことを聞いたら、みんなはどんな反応を見せるだろうか。不安と、期待も抱えて家々の玄関口に立つ。すると「どんな仕事をするんだべー」「俺たちにできるべが……」と戸惑いが先に立つのが見える。「悪いけど……私は本の整理なんかやったこともないし、ちょっと……」と断られたことも。ただ、「んだども、皆でやらなきゃな。手伝いますよ」と言ってくれる人も多かった。

そして意外だったのが、行く先々で橋本五郎文庫を作るということが知られていたこと。すでに案内チラシを配布していたとはいえ、ほとんどの人が目を通してくれていたことがうれしかった。だから「本はいつ来るの？ どんな本があるの？」「二万冊とはすごいねー。文庫ができたら遊びに行きますよー」と言ってくれる人もいて、予想以上の反響、関心の高さに驚かされた。

こうした手応えを運営委員会の会議で報告すると、ある役員からは「この状態なら成功間違いなし」という声も。さすがにそれは気が早すぎるとしても、ボランティアに参加したいという申し出や、オープンまでに一、二回は参加しますよと言ってくれる人、隣の能《の》代《しろ》市からの希望者も何人かいたりと、希望を持たせる滑り出しだった。

思いはそれぞれ

ボランティアへの参加を頼まれ、引き受けた田中シマ子さん（68）は当初、自分の仕事は校舎の掃除ぐらいだと思っていた。鯉川小学校は生活の一部と言ってもいいほど身近に感じていた学校であり、そこにボランティアの依頼だ。「ボランティアは何人ぐらいいるの？」。名簿を見せてもらったら集落の女の人はほとんど全員の名前が書かれていた。「これは私もやらなきゃという感じで、登録しといてと答えておいたんです。でも、実際に行ってみたら、近所の人で来ていたのはたったの五、六人。ますますこれは本気でやらなきゃと思ったのよ」と振り返る。もっと驚いたのは仕事内容だ。「掃除のつもりで行ったら、本の分類と言われて」と困惑。「ラベルを貼るだけだから……と言われても、あの本の山を見せられたら、自信はまったくなかったですよ」。

近所付き合いの延長で……という感覚で気軽に引き受けた人がいる一方で、「引っ越してきたばかりで、友だちが欲しいと思ったから」と話すのは工藤恵利子さん（60）だ。千葉県佐倉市から三種町へと移住したばかり。鯉川出身の夫は長男ということもあり、「いずれは鯉川に帰るというのは結婚時の約束」（工藤さん）。夫の定年を機に三種町に戻ってきた時にちょうど文庫設立の話が話題となっていた。

それまで盆、正月は必ず秋田に来ていながら、毎日のようにテレビで見ていたお馴染みの橋本五郎さんが、移住先の三種町出身だということは知らなかった。ファンだった橋本さんを手伝えることを喜びながら、同世代の女性たちとの出会いも期待した。

また、大きな図書館や書店がないため、簡単に本を借りたり買ったりできない田舎暮らしの不便さも身に沁みていた。「千葉にいた時は、読みたい本があれば図書館に行って借りるのが普通のことだったので、三種町の近所では本を借りるところがないことに驚いた。公民館にも文庫があるけど、読みたいと思う本はないし、秋田市にまで行ってみたんですが、秋田市立図書館は秋田市民でなければいけないんですね。結局、借りることができなくて」。そんな中で聞きつけた五郎文庫設立の話題。工藤さんにしてみれば、ボランティア作業は一石二鳥、三鳥の仕事であり、嬉々として申し込んだ。

鯉川小に感謝を

決して本が好きだからという訳ではなく、あくまで「学校のため」「五郎さんのため」という人も多かった。

板垣美代子さん（60）は「私の住んでいるところが五郎さんの出身の浜鯉川だというのもあるし、学校に対する思いも強かった。この学校をなんとか利用できるのであれば協力はしたいと考えました」と話す。

畠山信子さん（64）は、みたね鯉川地区交流センター運営委員会監事の田中国光さんから直接依頼されて引き受けた一人。「週一回でもいい。シール貼りでも掃除でもいい」という勧誘に動かされた。自治会の行事や地域のイベントなど面倒なことも引き受け、あれやこれや積極的に尽くす人柄で知られる田中さん。「五郎さんが読む本は難しくて、普通の人には縁がない」と敬遠しがちだった畠山さんだが、「普段お世話になっている田中さんが言うなら」と引き受けた。

ただ、その思いの裏には、鯉川小学校に抱いていた愛着、感謝の念も強く、それが大きな理由だったかもしれない。畠山さん自身は隣町出身で鯉川小には直接縁がない。鯉川出身の夫も転勤族で、子どもたちも鯉川小に通ったのは「下の子が二年ぐらい」とごく短い。にもかかわらず思い入れが強いのは、毎年盆に夫の実家に帰省するたび、遊び場がない子どもたちを自由に受け入れてくれたのが鯉川小だったからだ。学校によっては自校の児童以外は断る場合も多いが、鯉川小は、自校以外の子どもたちの来校を容認し、誰であれ常にオープンだった。真夏の暑い盛り、「午前中にプールに行って、午後もプール。一日中、学校にいた」という子どもたちの姿が忘れられない。そんな恩がある鯉川小学校のためにも何か役立ちたい、と思った。

希望に満ちて第一歩

作業のカギとなる人手は確保できた。あとは実際に橋本さんの本を根気よく仕分けしていくだけ。ところで一口に「本」と言っても、さまざまな部分からなる。人体が「頭」「腕」「腹」「足」などからなるように、本にも「背」「表紙」「ラベル」「帯」「奥付」などさまざまな呼び名がある。もちろんそんな呼び名があることすら知らなかった。ラベルはどの位置にどう貼る？　本は書架にどう並べる？　それが二万冊？　これは相当苦労するな……。誰もがそう覚悟した。

そこで、まずは図書の基礎を勉強しようと、秋田市にある県立図書館を見学した。県立図書館広報班長（現副館長）の山崎博樹さん（57）を紹介してもらい、どのように本を整理するのか、必要な知識と、どんな備品が必要かなどを教えてもらった。その後も山崎さんに何度も足を運んでもらいながら書架の配置、パソコンの入力方法、ラベルの貼り方の指導を受けた。何か分からないことがあればすぐにアドバイスを求めるなど、山崎さんが心強い味方になった。

ある日の会議では、書架の配置を話し合った。

「本の日焼け防止のため、書架を窓に対して縦に並べるべきだ」「書架の間隔はこれぐらい必要」。互いに考えがぶつかり、少々語気が強くなることもあったが、煮詰まった雰囲気を変えるためにも「現場を見てみようじゃないか」と、メジャーを手にメーン文庫となるランチルーム兼家庭科室へ。何度も何度も測り直してみたが、やっぱり決まらない。翌日もあれこれアイデアを出し合ったものの、どうしてもまとまらず、やっと三日目にして書架配置案が決まった。

ところが、十一月三十日に、注文していた書架が到着し、決まった通りに並べてみると、車椅子も通れないことがわかった。そもそも見た目もすっきりせず、あれほど苦労してまとめ上げたのに、当初イメージしていたものとは遠く、しっくりこなかった。重い書架を実際に動かして、あっちに置いたりこっちに置き直してみたり。二万冊を入れた後では、簡単に移動することもできないのは容易に想像できる。だからこそ試行錯誤を重ねたのだが、「書架だけでなぜこんなに苦労しなきゃならないのか」。想像以上に大変な作業になることを予感しつつ「書架ひとつでも奥深い」と妙な感心もした。同時に、「この調子で来年の三月までに間に合うのか」といった焦りも交じり、不安はじわりと広がっていった。

トラック第一便到着

ボランティアのやりくりや書籍の分類の仕方、書架の配置、運営方法、オープンまでのスケジュールをそれぞれ並行して話し合っていく中、十一月十四日、記念すべき最初のトラックが到着した。

この日は早朝から運営委員会の役員、町職員が交流センターに集まり、みんなうきうき、

橋本さんからの最初の本が到着（2010年11月14日）

落ち着きがない様子だった。その時、誰かが声を上げた。「あっ、来たぞ！」。国道から旧鯉川小学校へと続く坂道を下ってくるトラックの姿に心を躍らせた。

トラックの荷台の扉を開くと、中には段ボール箱がぎっしりと詰め込まれ、それらは「なにか特別なもののように輝いて見えた」と田中国光さん。みんなで一斉に荷下ろしに取り掛かった。本の入った段ボール箱は相当の重さになるが、それほど重さを感じなかったのは、それだけ待ち焦がれていた証だった。

段ボール箱は次々と建物の中に運び込まれ、最終的には四〇箱ほどが積み上がった。どんな本が入っているのだろうか？　本を前にすると、みんな子どものような好奇心にとらわれた。誰かが段ボール箱をおもむろに開けたのが合図になり、みんなが次々と箱を開け、大事そうに中の本を取り出す顔がほころんでいた。「さあ、本番だ！」。準備を重ね、待ちに待った文庫づくりの現場作業がここから始まった。

トラックを運転してきた人

ところで、トラックから降りてきた運転手にみんな「あれ？」という思いで見入った。どうもどこかで見たことがある顔だったからだ。それもそのはず、その運転手も鯉川出身者だったから。

その人は神奈川県相模原市在住の近藤雅祐さん（58）。現在は東京・町田市に清掃・建築業の事務所を構えている。姉の絹子さんが橋本五郎さんと同級生で、姪の結婚相手が橋本さんの親類にあたる男性。つまり、橋本さんと近藤さんは親類関係になる。そうした事情もあって、自らトラックを運転し秋田まで本を届けてくれた。

近藤さんは「買って出たというか、頼まれたからやっただけ」と笑うが、本を運んできてくれた人も鯉川地区の出身者だったというのは、地元の人間にとってはうれしいもので、その気持ちは近藤さんにも伝わった。「運ぶのが楽しみというか、本を待っていてくれる人がいると思えば、何とか届けたいと思った。それに私たち姉弟はふるさとを出たが、地元には母親が残っている。トラックで合わせて七回運んだが、帰るたびにおふくろの顔を見ることができたし、一石二鳥でしたね」と振り返る。

これまでも帰省するたびに、ふるさとの現状をまざまざと目の当たりにしてきた近藤さんは「人が少なくなるので統合はやむを得ないでしょう。私がどうこう言える話でもないけど、校舎が何らかの形で残ってもらえればという思いはありますよね」と語る。頼まれたから運んだだけ――、自分がどうこう言える話ではない――、口ではそうは言うものの、抑えた言葉のトーンに、ふるさとを離れている人間だからこその思いもにじむ。

近藤さんがトラックを運転してやってくるたびに地元の人間は大歓迎、懐かしい顔とも再会できた。「しばらく皆さんとは会っていないので忘れられていることもあったでしょうが」と言いつつも、同郷の人間を温かく迎え入れるのも鯉川ならではの良さ。小さなコミュニティーという特徴ゆえに昔から人と人との結びつきが強いという面は、誰かがふるさとを離れたから、あるいは何年も地元に帰ってきていないから、といって変わるものでもない。『よく来たなー』と言ってもらえたり、そのたびにかなり歓待してもらえました」と笑った。

ただ、文庫がオープンしてから実はまだ一度も建物の中に入ったことがない。昨夏、帰省した時に文庫へと行ってみたが、閉館していたため自分の目で確かめていない。だから「この盆に帰ったら見てみたいですよね。自分も少しであっても関わることができたんですから」。文庫に並べられている橋本さんの本には、近藤さんなりのふるさとへの思いも詰まっている。

さあ本番！　しかし難航必至

十二月四日、ボランティアへの初めての作業説明会が行われた。

はじめに運営委員会会長の小玉陽三さん（62）があいさつに立った。「ボランティアとして率先して作業に参加してもらって、本当に感謝したい。みんなの力を合わせて文庫を作りたいので、最後までぜひ協力を」。

この後、一人一人が自己紹介し、「仕事に自信はないけど、一生懸命がんばります」「地域のためになりたい」「本が好きなので来ました」。口にする言葉はさまざまだが、「五郎さんの本を生かしたい」「鯉川がにぎやかになることに協力したい」という思いは誰もが同じだった。ただし力強く思ったままではいいが、ボランティア志願者を前に、図書館づくりの流れが説明されていくと、次第にその内容の複雑さに、住民たちは話を聞きながら呆然とした。

図書分類の流れはおおまかに、整理に必要な「書誌」が基本となる。書誌とは本の表紙か、本の最後の方にあって、タイトルや著作者名、出版社、発行者、出版年月日などを記してある「奥付」に記載されている。これはいわば本の「身分証明書」。これらの情報をもとに事務的な整理を行っていく。本を段ボール箱から取り出し、汚れを拭いて帯、ブックケース（函）を外し、奥付などに従い分類していく。それ自体は簡単だ。いや、簡単に思えた。ところが、実際に分類していくには「日本十進分類法」に基づく。これは、総記は「０００」、哲学は「１００」、歴史は「２００」、社会科学は「３００」などとジャンルごとに区分し、さらにその中でも歴史の日本史に関するものであれば「２１０」、日本史でも北海道に関連するものであれば「２１１」……と三桁の数字で分類していく。例えば政治に関連するものなら社会科学「３００」の中の「政治」に分類されるので「３１０」。

さらに政治史であれば「312」。そのような分類方法があるなどとは誰も知るよしもなく、説明を受けたはいいが、その複雑さにみんな閉口した。

とはいえ、やるしかない。後戻りはできない。「分類は、本のタイトルでするのか、それとも内容で分類するのか」「人によって違ったジャンルに分類するのでは」など、質問、疑問が次々と飛び出した。「できるかな」。そんな不安も渦巻く。さらにその次の日は机を配置してパソコン二台をセットし、その他必要な備品をそろえて予行練習を行ってみた。ところが、作業の流れがスムーズにいかず、机の位置を変えてみたり一つ一つ検証してみたものの、それでもどうにもしっくりこない。イメージさえ湧かないし、確かな自信が持てないまま、それでも走らなければならない。そしていよいよ十二月十一日、仕分け作業が始まった。

分類の手順

分類作業の手順は次の通り。

ジャンルが決まったら、ブックカバーをテープでとめる。奥付を頼りにタイトルと読み方（カタカナで）、サブタイトルと読み方（これもカタカナで）、著者、出版者、発行年月日、分類番号、書架場所など一〇項目をパソコンに入力する。パソコンに入力を済ませた後は、ラベルに分類番号を記入して本の背に貼り付け、ラベルシートで覆ってから書架に並べる。

説明会では実際に机、パソコン二台、必要なものを全てそろえて実際の作業がスムーズにこなせるか確認してみた。しかし、誰にとってもやったことがないとあって、どうもうまく流れない。不安を抱えたまま「本番」へと突入した。

作業は毎週水曜日と土曜、日曜日の三日間に決め、十二月十一日から始まった。「第一作業デスク」が付箋に分類番号を記入し奥付に添付して「第二デスク」へと送る。第二デスクは本の表紙をテープでとめ「第三デスク」へ。第三デスクはパソコン入力者が奥付を見ながら必要なデータを入力していく。そして「第四デスク」が本にラベルとラベルカバーを貼り付けて完成。

煩雑ではあるが、これがわが町の文庫の第一歩かと思えば気分も高まり、ボランティアはいきいきと作業に取り掛かった。しかし、やはり問題が出てきた。初日にしては順調そのものと思われたが、パソコン入力の第三デスクで流れが滞ってしまうのだ。入力するだ

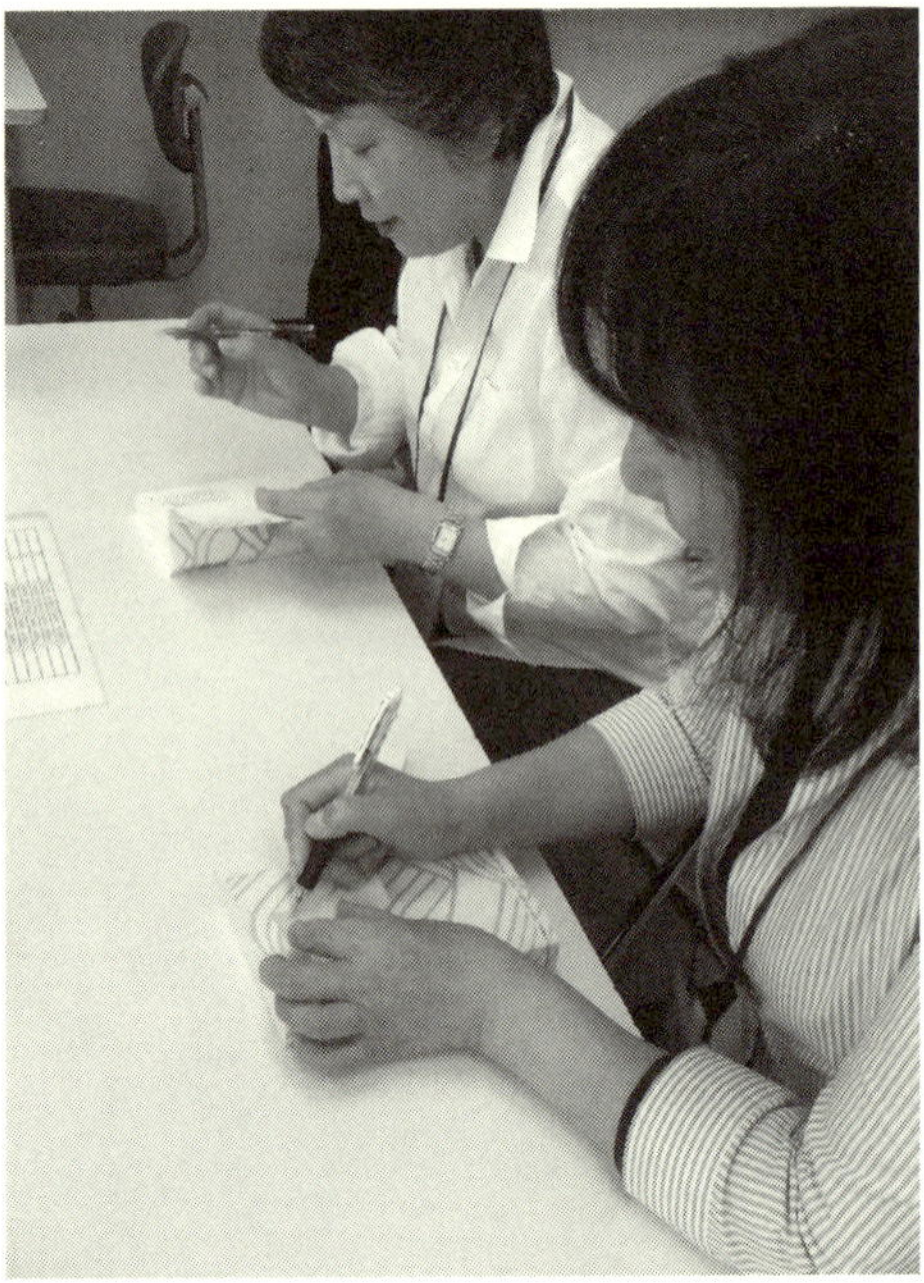

本の分類作業ははじめに「第一作業デスク」で本のタイトル、内容から分類番号を決めて付箋に記入

「第二作業デスク」ではその付箋を本の奥付に添付し「第三作業デスク」へと送る

③「第三作業デスク」では奥付に貼られた付箋を確認しながらデータをパソコンに入力（上・中）

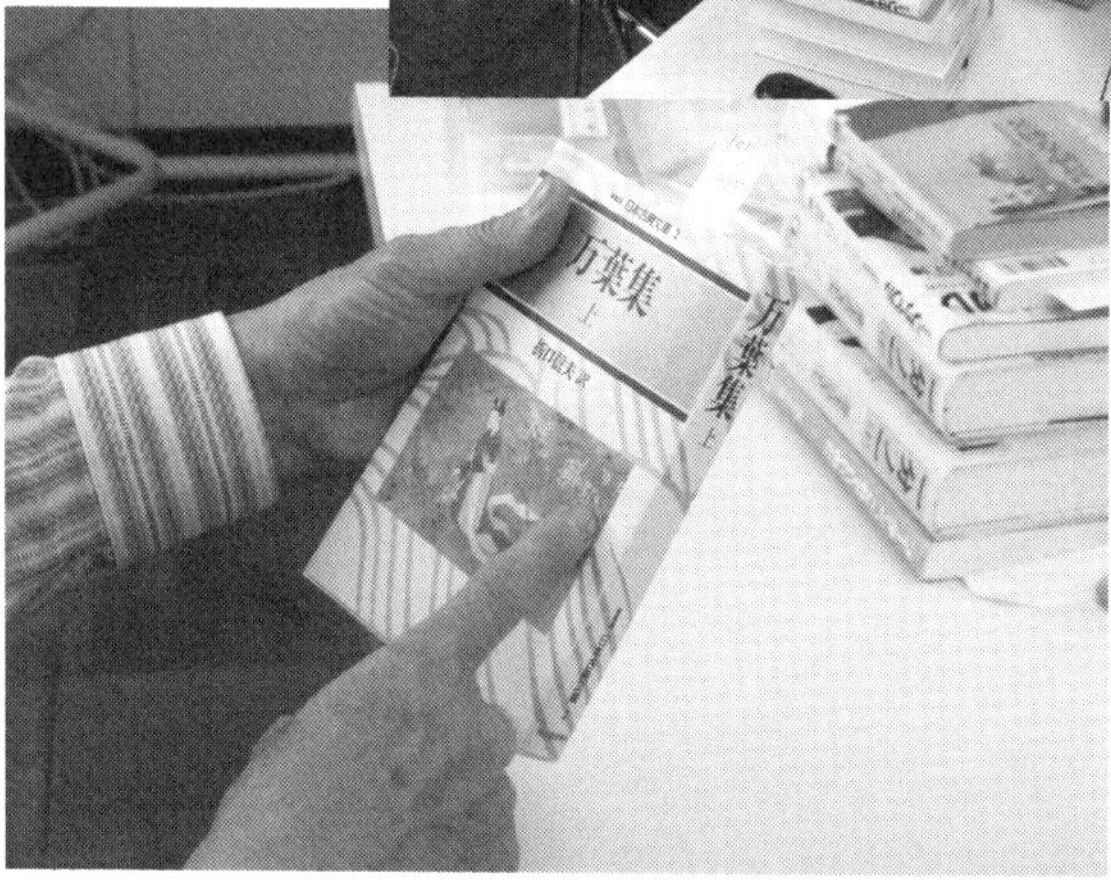

本は背表紙を見ればタイトル、サブタイトル、著者名、出版社までが分かる。これに気付き、作業効率は大きくアップ

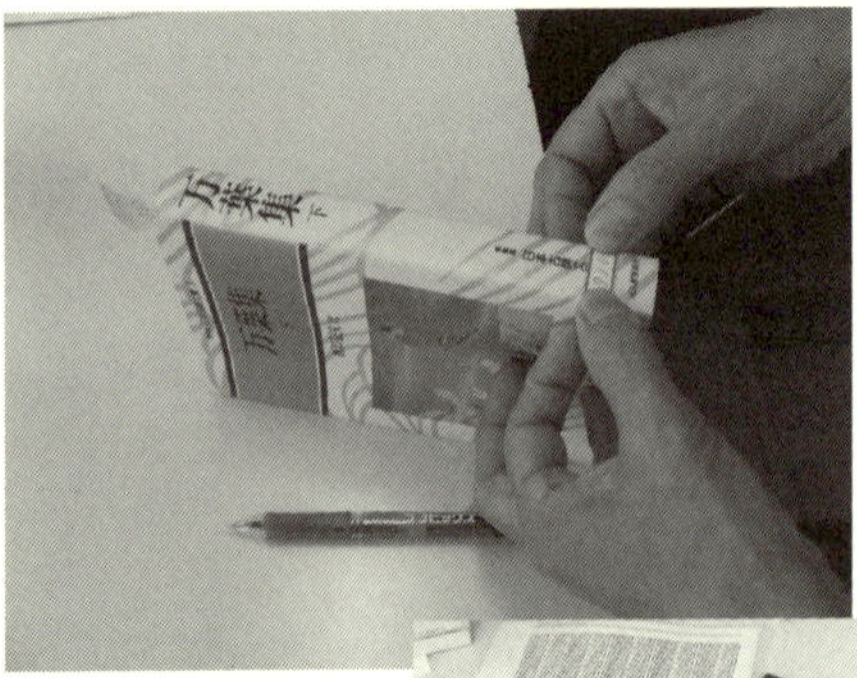

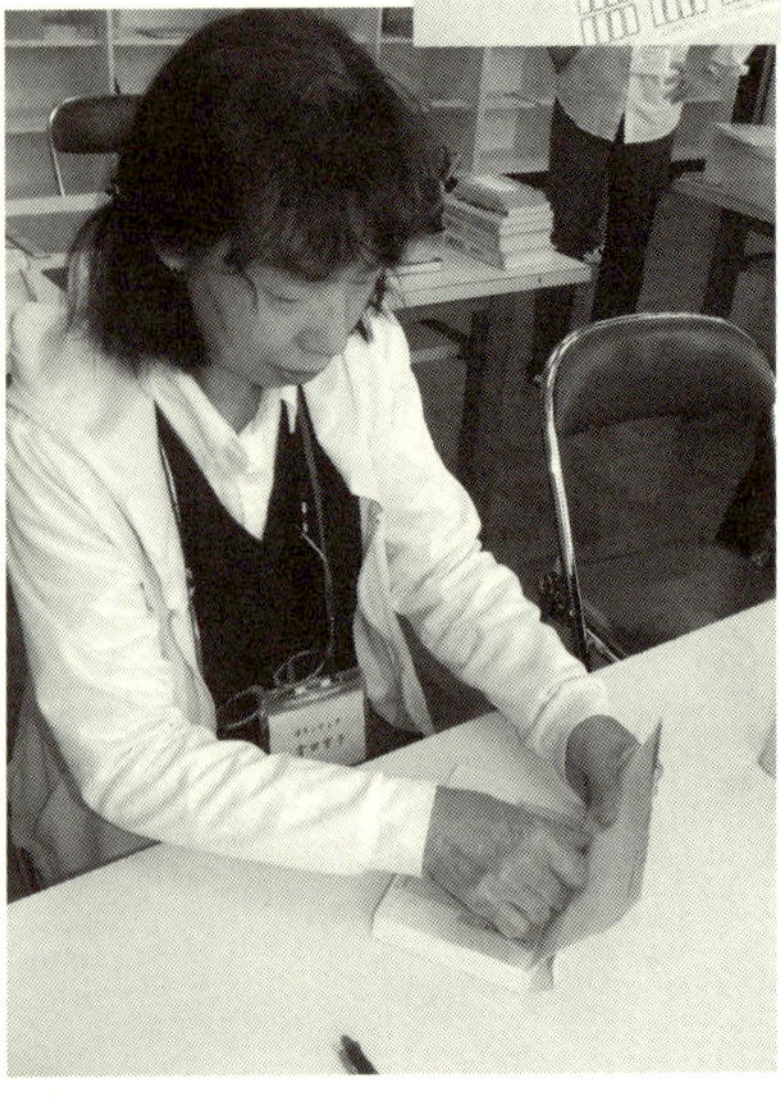

パソコン入力を終えた本は「第四作業デスク」に送られ、ラベルとラベルカバーを貼り付けて完成（上〜下）

けとはいえ、一〇項目の情報を確実に打ち込むには、それなりの時間を要する。初日は「第三デスク」に本がたまったまま作業が終了。次の日も同じく、やはり第三デスクに本がたまった。そのため一日の処理量は、ボランティアによっても違うが五〇〜八〇冊。パソコンは持ち込みもあって一日あたり四〜五台が稼働。使う人間の方が、キーパンチに慣れていないという事情もあったが、それを差し引いても第三デスクで作業が停滞する状況は、「慣れていない」だけが要因でないことは明らかだった。言葉で言えば「表紙と奥付を見てデータを入力する」だけだが、これが一筋縄ではいかない。表紙でタイトルを確認し、本を開いて奥付を探し……という作業がなんとも手間がかかるのだ。本を開いてもキーを打とうと手を離した瞬間に閉じてしまい、もう一度開いても手を離すと閉じる……。こんなばかばかしいような手間に振り回された。

そんなこんなで三時間余の「お仕事」は終了。「おい、晩酌の時間だぞ」「うんめぇべなぁ〜」。懸命な作業を終えたボランティアの住民は、それなりの充実感を感じながら帰宅した。

効率アップの奥の手発見！

手際の良い人でも、入力作業に一冊あたり五分以上は要した。ボランティアの頭数はそろってはいるが、これでは、文庫オープンの予定日になっても二万冊のうちの半分しか処理しきれていない計算になる。どうにか効率を上げる方法はないのか、これが当面の課題だった。

開いた本を文鎮で押さえる、第二デスクは付箋が表側から見えるようにして渡すなど、いろいろ工夫はしてみたが、それでも停滞状況の打開には結びつかない。そんなフラストレーションを我慢していると、ついに七日目、その解決策を発見した。

発見したのは桜庭久則さん（62）。パソコンに入力している途中、背表紙を見えるようにして置くとタイトル、サブタイトル、著者名、出版者名が分かることに気づいた。第二デスクがチェックし付箋に書き込んだ発行年月日を本に挟んでおくと、本を開くことなくパソコンに入力することができる。本をテーブルに置く角度、付箋の位置など、ちょっとの工夫で、停滞した状況を突破できる。今までなぜこんな簡単なことに気づかなかったのか不思議なほど単純な工夫だったが、この日を境に作業の効率は大きくアップした。

慣れもあり、作業の処理量は当初の一日当り五〇〜八〇冊から十二月下旬には一五〇〜一八〇冊へと増大した。このままのペースでいけば三月下旬までに二万冊を終える見通しが立った。しかし、途中ではやはりさまざまなトラブルが発生し、入力した四〇冊分のデータが一瞬で消えたこともあった。パソコン一台一台にUSBメモリーを配置して万全を期していたはずが、作業を終えた人が帰り支度しようと自分のパソコンのコードを抜いたつもりが、間違って他人のパソコン（フル稼働中）のコードを引き抜いてしまった。こうしたトラブルに見舞われると気分も落ち込んでしまうが、作業の進み具合が目に見えてきたこともあって、処理した本の数が増してくるにつれ面白さも増した。

そんな中、ボランティアたちには「何としても期日までに二万冊を終えるんだ」という気概も生まれてきた。ある日の昼、パソコンを置いたまま帰宅しようとする女性に「持って帰らないの？」と聞いたら、「後で母が来るので」という答え。「後で来る友だちに引き継ぐから」という人もいたりと、「人は休んでもパソコンは休ませない」。橋本五郎文庫の揺りかごは、そんな熱意にあふれていた。

一家三代で作業に参加

こうしたボランティアの中には、事前に登録していた人だけでなく、家族、友人、知人を引き連れて来てくれることも。ある女子高校生は学校での単位取得のため社会勉強の一環としてボランティア活動を選択したといい、朝、母親に車で送ってきてもらいパソコンの入力作業を担当。メンバーの多くにとっては孫の世代にあたる若い人がいることで、いつもとはまた違う明るい雰囲気になり、ともすれば単純作業になりがちなところに新鮮さを運んできてくれた。

また、中には一家三世代で本の整理に参加した人も。それが文庫の設立に構想段階から関わってきた宮田幹保さんだ。息子夫婦が町内に住んでおり、孫の彩来《さら》ちゃん（当時小学二年）、華希《かのん》ちゃん（当時幼稚園年長）を連れてよく遊びに来る。しかしある日、遊びに来ても可愛がってくれるはずの祖父母がいない。

「ばっちゃん（おばあちゃん）、じーじ（おじいちゃん）はどこに行ったの」

「お仕事だよ。五郎さんが本をくれたから、その本をいっぱいそろえた図書館を作りに行ってるんだよ」

宮田さんと橋本五郎さんは同級生で、橋本さんは盆に里帰りするたびに宮田さんの家を訪れるのが〝恒例〟行事でもあり「八月十三日は必ずウチに遊びに来る」（宮田さん）という仲。そんな理由で「二人の孫も『ゴロー、ゴロー』と呼んで懐いている」。大好きなおじいさん、おばあさん、そして、おじいさんの友達の「ゴロー」が関わっていることに興味を覚えたのだろう。「私も行く」と姉妹そろって〝ボランティア〟として参加した。センターでは小さな手で本を運んだり、ラベルも貼ったりと、〝活躍〟。二人の子どものお手伝いは小さなものであっても、参加してくれたこと自体、大人たちにとって励みになり、その後のエネルギーにもなった。

学生たちも応援

書籍の分類、仕分けのパソコンソフトは主にエクセルを利用していた。エクセルはそれはそれで便利なソフトだが、実は「貸し出した後の本を管理する」という蔵書管理の視点からみると少々不安が残る。もともとそういう機能は想定していないのだから当然と言えば当然だ。そこに登場したのが秋田市にあるコア学園秋田経理情報専門学校の学生たち。彼らが公立図書館並みの機能がある専用ソフトを無償提供してくれたのだ。

エクセルなど表計算ソフトももちろんアイデア次第でさまざまに活用することは可能だが、大量の本を管理するには不向きで、二万冊ともなればデータ容量も大きくなる。提供してくれた蔵書管理システムは、同校のプログラミングの授業の一環として一二人の学生が開発したもので、同校の図書館ですでに利用されていた。

そのプログラムの一部を、橋本五郎文庫でも使えるようにしてくれた。貸し出しや返却の状況はもちろん、本のリストアップやキーワードを手掛かりに本を探し出す検索機能も搭載。普通に導入しようとすれば数十万円から場合によっては百万円単位になる高価なものだが、文庫の設立に協力していた県立図書館の山崎博樹さんが仲介してくれたおかげで無償で利用できるようになった。

運営委員会のメンバーは県立図書館を訪れ、学生たちからシステムの概要、パソコンの操作方法を学習し、「次々と新しい本が加わってもデータを入力するだけ」といった利点を実感。特に、貸し出し後の本が、今どこに、誰の手元にあるのかが分かる、図書館ならではの機能に感心した。専用ソフトがあるおかげで図書管理の負担もずいぶん軽減されることを手放しで喜んだ。学生たちは「社会の中で実際に使ってもらえるのはうれしい。使われてこそ意味がある」と話し、双方の思惑が一致。小玉陽三さんは「学生たちの協力は本当にありがたかった」と後に振り返ったが、ここにも地元だけでなく、町内外から注目を集めたプロジェクトの重みを感じることができる。

ボランティアの絆

ところで、数カ月も同じ顔を突き合わせていると心配されるのが人間関係。小さなコミュニティーだからこそそうした人間関係には一段と気を遣うことになる。

文庫づくりに関わったのは、専属のボランティアが四〇人。このうち女性が九割を占めた。年齢、職業とも幅広く、主婦として家事をこなす傍らで参加する人、友だちと遊ぶ時間を削って参加する人、仕事後、あるいは休日の貴重な時間を利用して参加する人などさまざまだ。しかし女性の集まりとなるとそうした人間関係が気になってくる。男性陣も、はっきりと口に出しはしなかったけれどそうした問題が芽生えてくるのではと憂慮し、少しでもそうした兆しがあればこじれる前に解決しようと身構えていたのだが、結局はその微塵もなかった。

互いに気に障るような言い方は極力避け、ミスがあっても指摘する時はむしろ笑いに変えてしまうように心掛けた結果、かえって和やかな雰囲気が生まれることさえあった。「大人の対応」と言えばそれまでだが、参加人数が延べ七五〇人を超え、五カ月にも及んだ作業の中、最後まで楽しく過ごせたことは、この地域の人々の気質ゆえだったのではないだろうか。

「同級生のみなさんへ」

ボランティアたちによる作業が地道に進められていく中、「ヒト、モノ」に続く重要な要素、「カネ」の捻出にも追われた。橋本さんから蔵書の寄贈を受け、公民館など公的な施設で管理する構想を描いてはみたものの、当初は町の「予算不足」が原因で頓挫した経緯は紹介した。その後、橋本さんの同級生で今は町議会議員を務める宮田幹保さんらが粘り強く行政と折衝を重ねたことで予算がかなり増額されはしたが、これで十分という訳でもない。そこで頼りになったのが同級生たち。オリンピック開催の年に合わせて同級会を開いてきたほどの結束があり、そこに希望を見いだして改めて寄付を募ろうと全員に手紙を送付した。

手紙の作成者は、これまでも事務方の中心の一人としてボランティア集めにも尽力した田中国光さん。少し長くなるが、その全文を紹介する。

＊　＊　＊

早春の候、三十七年度卒業生のみなさんいかがお過ごしですか。私もなんとか元気に頑張っています。……が、人生振り返ればもう六十有余年、何かと医者の世話や薬に頼る機会が特に多くなり、残念ながら高齢者の仲間へ一歩一歩近づいていくその現実は否定できません。

さて、突然のお便りを差し上げましたのは、みなさんもすでに新聞や風の便りでご承知かと思いますが、このほど橋本五郎さんが蔵書二万冊を三種町に寄付することになり、今町内外で大変大きな話題となっております。寄贈された二万冊の蔵書は鯉川地区交流センター内（旧鯉川小学校）に「橋本五郎文庫」として生まれ変わり、地域活性化の核として活用することにしています。

今、地方経済は疲弊しつつあり、加えて少子高齢化の波が押し寄せ、残念ながら我が鯉川地区も過疎化へ向かってどんどん進んでいます。

こうした中で五郎さんからの蔵書寄贈は地域活性化への起爆剤になるものと大きな期待を寄せており、活性化に向け住民が一体となって立ち上がろうと新たな決意に燃えています。今その文庫づくりのために多くのボランティアの方々が参加し、本の分類からラベル貼りなどの作業に一生懸命取り組んでいるところで、まさに手作り文庫は着々と進んでいます。

しかし「交流センター橋本五郎文庫」を設立運営するためにはそれなりの資金が必要でした。町当局は財政難の理由から十分な資金援助ができないとのことでした。そこで宮田幹保町議にお願いをして町側と折衝してもらった結果、町当局から提示された助成金額よりも大幅に増額となり、幹保さんには大変ご苦労をかけたところです。

又、交流センターでは今後「文庫」を運営するために、地域住民や町内企業、更には鯉川小中学校卒業生など広範な各層からのご寄付を募りながら、スタートすることにしました。

その理由は、若干運営資金が不足しておりその調達のためと、地域のみんなが少しずつ拠出したお金で運営することにより、文庫に関心と愛着心を持つ。いわゆる「地域密着型・手づくり文庫」をつくろうという二つの目的から寄付金をお願いすることになりました。

ただ、文庫運営のために寄付金を集めるのは、五郎さんのせっかくのご好意に水を差すようなもので、五郎さん本人としても決して望むことではないことは重々承知しております。しかし今後の文庫運営のためにはどうしても必要であり、そのことをご理解いただけるものとして、大変身勝手な運営方針ですが寄付活動に取り組ませていただきました。もちろん戴いたお金は「橋本五郎文庫基金」として大切に使います。

私たちは今後「橋本五郎文庫」を地域みんなの手で、みんなの文庫として守り育て、生き生きとした活力ある地域をつくり、みなさんの思い出のふるさとを守るため一生懸命頑張ります。どうかみなさんからもご寄付の趣旨をご理解の上、ご支援くださるようお願い申し上げます。

まだまだ寒い季節が続きますが、お体には十分気をつけてください。

敬具

もともと結びつきが強い同級生同士でもあり、この手紙にはすぐに全員が反応、寄付が集まった。日本の高度成長に合わせてふるさとを離れた人も、遠く離れてはいても故郷を思う気持ちが強いことを物語っている。

＊　＊　＊

五郎さんが読む本はどんな本

分類の作業は全てが流れ作業だった訳ではなく、読むでもなく手に取った本からはさまざまな「喜び」や「楽しみ」がこぼれ落ちてきた。分類するには奥付を調べる上で必然的にページをめくっていくが、そこには橋本さんが本を読み進めていく上で引いたであろう赤鉛筆の線があちこちに。そのほか、余白に書き込まれたメモ、本と関連があるとおぼしき当時の新聞記事の切り抜きが挟まっていたりと、「一冊一冊の本に対する思い入れが本当に感じられた」と宮田京子さん（64）は振り返る。「そのうちに、仕分けしながら、この本なら自分にも読めるんじゃないかなとも思ったり。私が一番最初に借りた本には、お菓子のかけらが挟まっていた。娘さんと一緒にいる時に読んだのだろうかと思ったりして、さらに五郎さんが親しく感じられましたね」。

ページをめくるたびにそこには元の持ち主の息遣い。何気ないそうした生活感や人間くささに心もほぐれ、ボランティアとしての仕事は、最初に想像していた無味乾燥な流れ作業のイメージとは違い楽しいものになっていた。

「最初に難儀したのは段ボール箱から本を取り出してほこりを拭く人と、分類のパソコン入力をした人たちじゃないでしょうか。入力作業は次々と仕事に追われてたいへんだったでしょうし。私たち？　私たちは特につらいと思ったこともない」

「つらいどころか、六十歳も過ぎると、何かを一生懸命やるってことがないでしょ。だから一日、じっくり一生懸命にできることがあって良かった。それに一週間に一日だけなら負担にもならないし。これが毎日やらなきゃダメっていうんだったらつらかっただろうけど、一週間に一回、それも空いた時間でいいというから気が楽にできたんです」

「ほこりだらけの校舎を掃除して、段ボール箱いっぱいの本が届き、ほこりを拭いて……。本棚が持ち込まれたら全然違ってきたよね」

作業を振り返る宮田さんと畠山信子さんの声は弾んだ。

土壇場のやり直し

運営委員会の役員も務めていた宮田ミチさんは「最初に県立図書館の人から分類の方法を聞いた時は、これはとてつもなくたいへんな仕事だと思ったんですけど、やってみると意外とそうでもなかった」と笑う。「図書の分類なんて、それまで考えたこともなかったし、本の内容によってジャンルごとに分類していくのは分かるとしても、その後の作業はどうなるのか、見当もつかなかった」。それが戸惑いの理由だったが、実際にやってみると作業は案外スムーズに進むことに少々驚いた。「確かに最初は手間取ったりもしたけど、少しすれば慣れてくるし、効率的にできるようにそれぞれ工夫するようにもなる。結局、みんなでワイワイガヤガヤと楽しんでやれたんじゃないでしょうか」と振り返る。

その宮田さんが印象に残っている出来事だというのは、分類作業がほぼ終わり、文庫のオープンを数日後に控えた時のことだ。それまでも分類の仕方などさまざまなアドバイスをくれた県立図書館の山崎博樹さんらが、オープン前の最終チェックをしてくれることになっていた。

「もうね、私たちは完璧に仕事をやりこなしたと思っていたのよ。（石井鈴子）館長さんも山崎さんも、私たちの仕事ぶりにはなんにも言うことないはず、と自信をもっていたんですよ」と宮田さん。ところが、文庫に入ってきた石井館長らは一目見ると「う〜ん」と言ったきりフロアをぐるぐる回るだけ。完璧だと自信満々だったボランティアたちも、予想外の反応にだんだん不安になってくる。結局、大掛かりなやり直しを行うことになった。

何がまずかったのだろうか。本棚には奥行きがある。ボランティアたちは本棚の奥に本を押し込み、奥の壁に本がぴっちりくっつくような形にしたが、棚の前縁にそろえることが鉄則。棚の奥に押し込むのは、家庭の本棚整理では当然のことであっても、図書館ではまったく逆。「さあ、手に取ってみてください」と訴えかけるには本を棚の奥に押し込むのではなく、なるべく手前に配置することが求められる。それに、図書館や書店に行くと分かるが、本はすべて本棚に縦に入れられているわけではない。新刊や注目の本は平積みにしたり、表紙がよく見えるよう棚に斜めに立て掛けるように置いたりしている。「画一的な本の並べ方ではなく、遊び心も必要なんだと分かったりして。最初はすごい自信あったのに」。今となっては愉快な思い出として笑いながら振り返るが、オープンが間近に迫った日の作業のやり直しはたいへんだった。

それでも、最初は試行錯誤の連続だったとはいえ、パソコン入力の「奥の手」を発見するまで苦労した「入力班」に比べると、思った以上にてきぱきと処理でき、誰もが、最後は文庫づくりの作業は「楽しかった」と言えるようになった。

ついに二万冊突破

平成二十三年一月三十日、ついに一万冊を突破した。目標とする二万冊まではまだ半分だが、それでも大きな区切りとなる数字。来る人来る人が「本当に一万冊を突破したの?」と声もうわずる。膨大な本を目の前に、はじめは困惑や不安を感じていたが、「五郎文庫を作るんだ」という思いに支えられ、右往左往しながらも知恵を出し合い試行錯誤を重ねた末、今では自信がやりがいへと変わった。次の目標はいよいよ「二万冊」。誰かが言った。「よーし、頑張るぞー!」。その声に再びやる気が湧き上がってきた。

そんな中、二月のはじめ、とある来訪者が。その人は近藤益男さん(65)。橋本五郎さんとは同級生で、現在は盛岡市でガラスなどの販売店を経営している。その近藤さんは橋本五郎文庫が設立される話を聞きつけ、「自分も何か手伝いたい」と玄関に大鏡を寄贈し

ボランティアを橋本五郎さんが激励（2011年2月3日）

たいと申し出たのだった。近藤さんは早速、設置する場所をメジャーで手際よく測り、後日設置しに来ると言い残して帰っていったのだった。

さらに、文庫の〝生みの親〟にもなる橋本さんも来訪。講演のため三種町の隣りの能代市を訪れたのに合わせて交流センターに立ち寄ってくれた。

この日作業していたのは二〇人ほど。橋本さんがやって来るのを楽しみにしている中、「やあ、ご苦労さん」とにこやかに登場した。みんな橋本さんの周りに集まってくる。運営委員会会長の小玉陽三さんが作業の進捗状況を説明すると、橋本さんはボランティアたちの熱心な仕事ぶりに喜び、「自分の時間を割いてこういう仕事を手伝ってくれてありがとう」と感謝し、「皆さんの無償奉仕の気持ちが他人にも伝わっていくことを期待します。私は本を送るだけで、運営する方は大変だと思いますが、よろしくお願いします」と激励した。

橋本さんの言葉にみんな笑顔になり、「頑張ろう」という気持ちになる。作業の場にいたのは一時間ぐらいだったが、ボランティアたちにとっては何よりの励みで、力が湧いてくるようだった。色紙を用意していてちゃっかりサインをもらう人も。どんな形であれ、橋本さんと直接言葉を交わすことが、一番の褒美であったようでもあった。

そして、この日、橋本さんと運営委員会のメンバーによって、文庫のオープン日が「四月二十九日」と決まった。

「3・11」、その日その時

作業はその後も順調だった。大きなトラブルもなく、三月五日の集計では一万八〇〇〇冊を突破。誰もがオープン予定日に間に合うという実感を得ていた矢先、東日本大震災が発生した。

大地震が発生した日は金曜日。地震とそれに続く大津波の被害を受けた太平洋側は言うまでもないが、地震直後から東北の広範囲で停電となり、それは鯉川地区も同様。地区の住民らはその日はそれぞれの家族、親族、友人知人らの安否確認に奔走、翌十二日の昼過ぎにはようやく停電が復旧し、動揺の中にも落ち着きを取り戻すと、十三日には文庫に被害がないか確認しようよと、誰ともなくセンターに集まってきた。地区の被害はほとんどなく、旧鯉川小学校も本が書架から数冊落ちている程度。しかし、テレビで伝えられる被害の大きさには誰もが言葉を失った。

同じ東北を襲った悲劇。中には被災地に知り合いや友人、家族がいる人もいる。心配は募るばかりだが、どうすることもできない。集まった誰もが無言のまま時間だけが過ぎていく。「何かできないか。何かするべきじゃないだろうか」。そんな自問とともに、「今、この状況で文庫設立という状況だろうか」という疑念さえ覚える。しかし、これまで目標に向けて地域総ぐるみで行ってきた文庫の設立の動きをここで止める訳にはいかない。それぞれがさまざまな思いを抱えながら仕事を続けることになった。

三月二十六日、ついに二万冊を突破し二万六七二冊に。目標に到達したこの日はもっと大喜びすることができたはずだった。しかし、大地震の混乱は収まる気配もなく、東京電力福島第一原発事故はさらに深刻さを増すばかりで、素直に喜び合える雰囲気ではなかった。ただ、みんなで頑張ればやり遂げられる。そのことが自信になったのは間違いない。ここからは四月二十九日のオープンに向け、最後の追い込みになる。

最後の追い込み

センターでは、分類した書籍が一万冊を超えたところで本棚に並べる作業が始まっていた。

どこに、どのように並べていくかは、来館者の興味を引き、文庫により親しんでもらう上でカギとなるポイントだと言っていい。書店でも本の並べ方、見せ方ひとつで売り上げが違うように、読んでもらいたい本を読んでもらうためには、「見せ方」が重要だ。ここでまたもや県立図書館の山崎さんを頼ることにした。

ポイントは、「探す人が探しやすく、興味を引きつけることができ、本の美しさを引き出す」。当然と言えば当然だが、それを実行するのはなかなかに難しい。書架に分類別のスペースをとりながら並べていく途中、分類によってはスペースが狭くなったり、逆に空きすぎたり。その都度、本を並べ替えていかなければならない。その並べ替えも数十冊ならまだしも、場合によっては一千冊単位になるから簡単ではない。計算して並べられるならいいが、実際に並べてみないと分からないところがつらい。並べ替えを繰り返し繰り返し、ようやくめどがついたのが三月に入ってから。メリハリを付けるため本の表紙が見えるように置いたり、近所の大工さんから木の切れ端をもらってきて分類名板にしたりと工夫も重ねて、ようやく図書館らしくなってきた。分類作業もそうだったが、そうした「成果」が見えてくると楽しさや張り合いが生まれ、さらに作業が進む。

とはいえ、日本文学作品約六千冊を著者名の五十音別に並べる作業などは、根気が求められるものだった。いったん並べた本を抜き取って並べ替えたり、何度も止めようかと思ったぐらいだったが、本棚が徐々に豪華になっていく様子に誰もが刺激を受けていく。全くのシロウト集団ではあったが、書架に整然と並べられた本が美しく輝いて見えることに嬉しさが込み上げてきた。

PR活動も始まる

いよいよ橋本五郎文庫のオープンが現実のものとして見えてきた。実際に、一人でも多くの人に来てもらうのが目的だが、ただ作っただけでは誰も興味を持ってくれない。PRは欠かせない。これまでは新聞やチラシなどで文庫を宣伝してきたが、文庫の概要、開館日、時間などもっと具体的な情報を伝えようと資料をそろえて町内外の企業、団体などの訪問を始めた。行く先々で「橋本五郎文庫」の名前はすでに知られていたことに少々驚き、また嬉しかった。「まだオープンしていないというのにこの認知度。さすが『橋本五郎』。ひいき目だと言われるかもしれないが、地元が生んだ人材を改めて嬉しく感じた。そうしたPRを兼ねたあいさつ回りで、ある高齢者福祉施設では利用したいと思っているのだと言ってもらったが、「バリアフリー化や老眼鏡を用意してもらえないだろうか」というリクエストも。このため校舎の改修にあたっては車椅子でも利用しやすいようにしたり、トイレの改修も行った。

そんな折、センターに盛岡市に住む近藤益男さんが再び訪れた。先日、姿見を寄贈したいと申し出ていたが、大地震で近藤さんが経営するガラス店も被害を受けたと聞いていたし、その後の混乱で鏡の設置は無理だろうと誰もが考えていた矢先、約束通り大鏡を取り付けるために訪れてくれたのだ。聞けば大震災後の燃料不足のため車のガソリンを確保できずに来れなかったのだという。近藤さんが設置した高さ一八〇センチ、幅一〇八センチの大鏡は今、センターの玄関を入るとすぐのところに取り付けられている。

ソファーカバー

「恵利子さん、ミシンない?」「あるよ、どうしたの?」。宮田ミチさんと工藤恵利子さんによるそんな会話から、縫い針は動き始めた。

地域住民から、不要になったソファーや革張りの長椅子などの提供を受けた。しかし一部が破れていたり、すり切れていたりと若干傷みがある。このまま使用するにはせっかく提供してくれた人に失礼となるが、かと言って修理に出すにも先立つものがない。

「縫製会社やインテリア店に頼んで、カーテンなどの布の切れ端をもらってカバーを作ったらどうかしら」。ボランティアの一人から提案があった。早速町内にあるインテリア店と交渉し、社長から快諾をもらった。そして翌日からセンターにミシンが持ち込まれ、縫い方が始まった。

肘掛けのカバーはどのようにするか、このソファーにはこの色が似合いそう、ここはこのようなデザインにすればいいのでは、などと作業に当たる女性ボランティアたちの目の輝きは、それまでの作業の時とは明らかに違う。布を裁断する前に何度もイメージしながらはさみを入れたが失敗して布がパーに、といった悪戦苦闘を続けながらも、カバーにとどまらず、木の椅子に敷く座布団やテーブルクロスなどがさまざま縫い上げられていく。

作業の途中には、縫い物にかかわる懐かしい話も次々にあふれ出した。ある人は学校の家庭科の授業で手に針を刺しながらも雑巾を縫った思い出を、またある人は若い頃、文明の利器と言われたミシンに「なんと便利な機械だろう」と驚きながら、ミシンを動かす足踏みのタイミングを取る難しさに一喜一憂したことを持ち出すと、あっという間に共感の輪が広がり、笑いに包まれた。そこにはキシキシと足踏みの耳障りな音ではなく、静かにスーッと鳴るモーターの音に時折みんなの楽しそうな会話が差し込むという、心地よい音があった。

女性たちのセンスもフルに発揮されて縫い上げられた数々の作品群は、手づくり文庫の

寄贈されたソファーやテーブルの見栄えを少しでも良くしようと、ボランティアの女性たちが縫い上げたカバー

象徴として各所へと配置。第一文庫内に置かれたおしゃれなカバーに覆われた件のソファーは、「落ち着ける椅子だ」と利用者にも好評だ。地域の人たちの文庫に寄せる思いと細かな気配りが縫い込まれたソファーカバーと座布団。それらは、訪れた人たちを今日も温かく包み込んでいる。

「図書館」が見えてきた

文庫開設に伴い、書籍の分類、本棚の整理などと並行してやらなければいけないことも多い。そのひとつが備品の整備。最初に校舎に入った時には、「まったく何もない状態」と小玉陽三さん。一年四カ月にわたりだれもほとんど足を踏み入れることがなかった校舎の中にはほこりだけが積もり、文庫づくりは掃除から始まった。

掃除が終ると、ようやく本の整理作業に取り掛かることができるが、それに欠かせないペン、紙、ホチキスなどの文房具は、経費節減のため一〇〇円ショップも利用して調達。リサイクル店などを回ってテーブル、椅子などもそろえた。まったく一から始めなければならない苦労はあるが、「少しずつではあってもそれなりに事務室としての形が見えていくのが楽しかった」。それと同時に地域の各家庭にも、文庫や交流室で使用するため、不要になった家具のほか、個人が所有していた民話・郷土史、マンガ、絵本の提供を呼び掛けたところ、すぐに反応があった。「使わなくなった健康器具がありますよ」「ソファーなら使わないものがあるんだが、取りに来てくれたら譲る」「少し壊れている椅子ならあるが、それでも良かったら」と申し出が続々と寄せられた。その都度、トラックを走らせて受け取りに行く。「私の本も二万冊の中に入れてもらいたい」「この椅子に座っていつか本を読みたいと思っています」と声を掛けられ、そのたびに「まさに手作りの文庫」という思いが込み上げてきた。

同時に各部屋の利用計画も急がれた。文庫をオープンさせるだけでなく、旧校舎全体を生かしてこそ意味があるからだ。

旧校舎は大きく分けて職員室、ランチルーム、教室、体育館からなる。どの部屋も同じように見えるが、それぞれ棚があったり教壇があったり、部屋に仕切りがあったり。床もフローリング、絨毯だったり畳だったりとさまざま。その中で各部屋をどうするかだけでなく、一体的な基本構想を練り、使用目的ごとに、どの部屋がふさわしいかなどを話し合った。二万冊の本は、役員会を開き、各部屋にどう本を配置するかを話し合った。二万冊以上の本は、かつてはランチルーム室兼家庭科室として使われていた大フロアだけでは収まり切らない。そのため二階の教室にも本を配置しながら、どんな種類のイベントをどの部屋で行うのかを想定しながらひとつずつ決めていった。事務室と接客室にはかつての職員室と校長室を、音楽教室やカラオケ教室を開く場合はかつての音楽室を、といった具合に。

その一つに「メモリアルルーム（卒業生の部屋）」を作ることにした。ここには卒業生のアルバムや卒業文集、歴代校長の写真などを置き、自由に落書きできる黒板もあり、卒業アルバムをめくると、鯉川小に通っていた幼少の頃の記憶をまざまざと思い出す、という趣向だ。

実際、文庫ができたことがきっかけになり、同級会を開いた人たちもいる。メモリアルルームは、そうした卒業生の思いを温める部屋でもあり、また卒業生でなくとも、鯉川小がどんな学校だったのか、往時の空気をしのばせる場にもなっている。昭和三十五（一九六〇）年から閉校になる平成二十一（二〇〇九）年度までのアルバムや、ＣＤに記録された学校生活の様子、貼り絵などの作品が並べられ、ここで同級会が行われると格好の思い出を提供する。訪れた人たちは幼少の頃を懐かしみ、楽しい思い出も苦い思い出も全て受け止め、満足げに帰っていく。企画した役員たちは「その表情を見ると、この部屋を作っ

各年度の卒業アルバムや展示されていた児童たちの絵、歴代校長の写真など鯉川小学校の思い出を展示したメモリアルルーム

て良かったと本当に思う」と話す。今後さらに、地域の人たちから昔の写真を提供してもらい、たくさんの思い出の花が咲くように飾り付けたいと考えている。

農作業が始まってしまう

ここまでくればあとはゴール目前。しかしここで大きな懸念が現実問題として関係者の気分を暗くした。水稲の種まきなど、農家にとって一番忙しい春作業が始まれば、今のように文庫づくりに割く時間がなくなってしまうからだ。

三月も中旬になるとボランティアによる本の整理もだいたいめどがつき、次は四月二十九日のオープンに向けた準備作業へと移っていく。三月二十四日には一〇回目の運営委員会を開き、開館までの作業と記念式典の打ち合わせを行った。当日の招待者、開館のパンフレットやポスター、看板の設置、会場の飾り付け、絵、写真の展示、そしてオープニングセレモニーをどう進めるかなど、検討項目をリストアップすると膨大な数に上る。オープンまであと一カ月、果たして間に合うのか不安になる。しかも、役員を務めている人はほとんどが農家。春は田植えの準備など農家にとっては一年で一番忙しい時期で、猫の手も借りたいほどだ。生活がかかっている〝本業〟をおろそかにするわけにもいかず、そんな板挟みの中で苦悩した。

「役場にお願いしてみたらどうだろう」。この際、町職員に手伝ってもらえないか、という提案があり、これに賛成する人もいたのだが、「いや、だめだ」と小玉さん。ここまで自分たちの力でやってきたんだから、最後までやり通そうじゃないか。そうみんなを励ました。誰もが心の中では同じ思いを抱えていたこともあって、会長の言葉に誰ともなく「よ～し、やろう」の声。ゴールはすぐそこにある。その〝希望〟の下、みんなの力がひとつになった。

とはいえ、現実問題として農作業をおろそかにすることはできない。結局、どうしたのかというと、「夜明け前に起き出して農作業を済ませ、日中は文庫の仕事……という日々がしばらく続き、種まきや育苗の管理などで農作業への影響は多少あった」と、役員の一人。文庫づくりに関わった人の多くが一番焦ったのは、この時期だったかもしれない。四月十四日には、農作業が忙しいという理由で役員会を夜に開いたことも。「よく無事に終えることができた」と振り返った。

「恵みの水」

膨大な本の山を前に、最初は四月のオープンに間に合うのかどうか不安だった作業も、ついにゴールが見えてきた。そこで再び田中国光さんは同級生にあて、贈ってもらった寄付金のお礼かたがた、橋本五郎文庫が誕生することを報告した。

この手紙で田中さんは橋本五郎文庫の誕生、設立の経緯をかなり詳しく紹介したあと、次のように記した。

今回橋本五郎さんの蔵書寄贈を中心に詳細な報告となりましたのは、みなさんからの地域の実情を把握していただき、活性化のために何が必要なのかご提言いただきたく、このような報告となったことをご理解ください。

前述のとおり、今地方は少子高齢化社会に入り大変な状況に置かれています。我が鯉川地区も人口の五〇パーセントが六十五歳以上で、社会的共同生活の維持が困難な集落、いわゆる限界集落に近づきつつあります。

定住する若者も減少し、生活の一部であった学校は廃校となり、少子高齢化社会を抱えた地域は、もう元気さえ失おうとしています。このような状況を打開するため、私たちは何をどうしたらよいのか、一人ひとりがもがき苦しみながら頑張ってきましたが、確固たるその答えは見いだせませんでした。

こうした中で、今回五郎さんから寄贈された蔵書二万冊は、枯れ果てようとする地域活性化の河を泳ぐ鯉に、「恵みの水」を注ぎ込んでくれたようなものと思っております。

地域は今新たな決意のもと、燃え始めました。そして活性化に向け一歩一歩着実に前進しようとしています。

どうかみなさんからも力強く泳ぎ始めた「里の鯉」を、温かく見守っていただきますよう心からお願い申し上げまして、「鯉川地区交流センター・橋本五郎文庫設立」のご報告といたします。

いつかまたみんなで会える日を楽しみにしています。

地名の通り、そこに住む自らを鯉になぞらえ、そのふるさとに贈られた橋本蔵書を「水」

にたとえた文章は読んだ多くの人の心に響き、生まれ育ったふるさとを改めて思い起こさせた。

それぞれの母校

予算の確保、机、イス、ペンやノートに至るまで数々の備品の調達といった数々の苦労の末に、鯉川小学校はようやく「橋本五郎文庫」として命を与えられた。その姿を見上げる人の脳裏にはかつての小学校、中学校の姿が浮かび上がってくる。

昭和四十年代まで鯉川小は鯉川中学校と棟続きになっていた。その学校に、鯉川地区七集落から、遠い子どもは三キロの道のりを歩いて通って来る。田中国光さんが当時を振返って話す。「息を吐けなくなるような冬の猛吹雪の日は、中学生が強風から小学生を守るようにして通ったり、違う学年の子どもたちと遊んだり。今よりずっと子どもたちの数は多かったとはいえ、学年を越えて仲が良かった」。「けんかや上級生に殴られたりしたこともあったけど、最後は年上の子どもが年下の子どもの面倒を見る、それが当たり前だった」とも。先生に叱られて廊下に立たされることはまだいい方。今ではあり得ないが「竹の棒で頭を殴られたりしたこともあった」が、それも今となっては思い出だ。「先生に殴られても、自分の親に限らず、保護者がそれを問題にしたことはないと思う。むしろ親は『先生から目をかけられているからだ』と喜んだほど」と語る。

他地区から嫁いできた女性たちにとっても、自分の息子、娘たちが通った鯉川小への思いは強いが、自ら鯉川小を卒業した人にとってはなおさらだ。宮田英美子さん（58）と加賀谷信子さん（55）はともに昭和四十年代前半の卒業生。そして自分の子どもたちも母校で学んだ。

加賀谷さんは「私たちの時は古い校舎で、中学校もあった時代。今のようにプールもなくて、夏は八郎潟で泳いでいた」。今ではまったく想像もつかないが、学校の南側にある小高い丘の斜面で、肥料袋をソリ代わりにして滑って遊んだりと、思い出は尽きない。宮田さんは「未だに昔の校舎の夢を見る」とも。「体育館に行くにはトイレの前を通らなければいけないんですけど、それがイヤで。トイレと職員室の間に池があって——今は駐車場になっているあたりですけど——日本地図の形をした池だったんですよ」。

このほか標準語教育に力を入れていた鯉川小ならではの思い出がある。それが「言葉の教室」。今のようにテレビ、ラジオで標準語に接する時代とは違い、大人になってから標準語で話せないがために人間関係に悩むことがないよう、小学生のころから標準語を話せるようになろう、そんな教育方針から始まった。「それがイヤだった訳でもないですけど、学校では同級生のことを○○さん、○○君と呼ぶようにと指導されたり。ただ、大人になった今でも同級生に呼び掛ける時には○○君、○○さんだったりする。なぜそうなのだろうと考えてみると、やっぱり子どもの頃の『言葉の教室』の影響なんでしょうね」と加賀谷さん。

そのほかには合唱に力を入れていたことを思い出す。「テレビに出たこともありましたね。とにかく、一クラスしかなかったから、みんな仲が良かった。同級生、年上、年下の子どもはもちろん、地域の人、おじいさんからおばあさんも含めて学校の行事にやって来た」。そうした仲の良さも含めて、ふるさとへの愛着は人一倍だ。学校はなくなってしまったが、その代わり、橋本五郎さんの蔵書という宝物を得て新たに生まれ変わった。そのことが、地域に今も住む住民にとってなによりも誇らしく、「ずっと大切にできるものが生まれた」と話す。そして、それは自分たちで作り上げたのだ。「控え目に言っても自慢ですね」。

畠山さんも、橋本五郎文庫の設立の途中から関与し、現在はコーヒーボランティアとして定期的に参加していることを「今の私の自慢」だと口をそろえる。「秋田県内、どこに行っ

元はランチルーム兼家庭科室だったメーン（第１）文庫

文庫には首都圏在住の町の出身者らも訪れている

ても橋本五郎文庫のことが知られている。自分は鯉川の人間だと言っても通じないけど、橋本五郎文庫があるところと言うと、みんな『ああ、あそこか』と分かってくれる。そこでコーヒーボランティアなんてやっているというのを、本当に小さなことかもしれないけど自慢にしている」と話す。

橋本五郎文庫がオープンして一年も経ったころ、役員たちが、橋本さんから本を寄贈してもいいと申し出があったこと、町と折衝したこと、予算がなく断られたり、それでも粘り強く交渉して少しずつ前進していったこと……などなどを振り返った場に、加賀谷さんらも同席していた。そこで加賀谷さんは思わぬことを口にした。「そんなことがあったなんて、初めて知った」と。「文庫がつくられるまでにそういう経緯があったのは、今、話を聞いて初めて知った。なんか感動しちゃった」。畠山さんも同様に、初めて聞いた話だったという。地元の人たちですら、当初のいきさつがどうであったか、どんな紆余曲折があったのかはあまり知らないのが実情だ。ただ、小学校がこのままなくなってしまうのは寂しいから、地域の中心部には人が集まれる何かが欲しいから――という思いだけは誰もが共有して手を携えてきた。そうした思いを実現するきっかけとなったのが橋本さんの蔵書であり、誰もがそう願ったように、かつての小学校に代わって、今は橋本五郎文庫が地域の中心として輝いている。

第三章　過疎化そして消える学校

旧鯉川小学校全景

橋本五郎文庫は、母校の鯉川《こいかわ》小学校の廃校を惜しみ、二万冊を超える蔵書を寄贈した橋本さんの母校やふるさとに寄せる思いと、閉校をきっかけに地域がすたれてしまうのではないかと将来に危機感を抱いた住民たちの熱意によって誕生した。

橋本さんのふるさとの山本郡三種《みたね》町鯉川地区は、町の南端に位置する大小七つの集落によって構成され、人口は約六百人（二五〇世帯余）。十五歳未満の子どもは三〇人に満たず、高齢者中心の「限界集落」となったところも少なくない。

地区を象徴するものといえば豊かな自然と人情の温かさ、それに、人口減と少子高齢化。その光景は、過疎に悩む秋田県内のどこの農山漁村にも共通するものだ。

過疎とは、そして、学校の閉校とは……。文庫開設の背景となった人口減の実情をみる。

集落内がシ〜ンと……

「子どもがいない。若い人もいない。しかも、小学校が閉校してからは何とも寂しい地域になったよ」

橋本五郎文庫を開設する旧鯉川小学校の近くに住む内鯉川集落の自治会長、児玉善市さんは、しみじみと語る。

県道沿いに五〇世帯が寄り集まる内鯉川は、児玉さんによると、集落内に小中学生が四人、未就学児が三人しかいない。二十代の若者はゼロだ。三十~四十代の七人も半数近く

児玉善市さん

が独身。少子高齢化は、ますます顕著になるばかりだ。

それでも、小学校があった頃は、毎朝、集団登校してくる子どもたちの元気な声が響き渡り、活気を感じることができたという。閉校前の児童数は二〇人に満たなかったが、子どもたちの歓声は、過疎に沈む集落の希望でもあった。子どもたちは今、スクールバスで五キロほど離れた琴丘小学校に通っているため、今はもう登下校の光景を見ることもなくなった。

「小学校のグラウンドで遊ぶ子どももいない。日中はそれこそ集落内がシーンとしているよ」。静けさは、何とも言いようがない寂しさにほかならない。小学校のグラウンドでは、子どもたちに代わり地区のグラウンドゴルフ愛好者らがスティックを振る。児玉さんもその一人だ。「寂しい、寂しいとばかりは言っていられない。われわれが楽しまなければ」と言う。

橋本さんの出身集落で、八七世帯の浜鯉川集落も、小学生は八人しかいない。「若い人は働き口がないから、どんどん出て行ってしまう。当然、子どもは少なくなるわな」。橋本さんと竹馬の友で、同集落に住む三種町議会議員の宮田幹保さん（65）は過疎の実情をそう嘆き、「こればっかりは、いかんともしがたいこと」と受け止める。

町には若い人たちが残れるような雇用の受け皿がない。おのずと若い人たちは県外や県内でも秋田市など大きな街に出ていってしまう。どこの家も似たような事情を抱え、高齢者のみの世帯となっていく。「昔は、あれだけいっぱい子どもがいたんだがな。学校にも集落にも子どもたちがいっぱいだった」と、宮田さんは自らが小学生だった頃の学校や集落の活況を懐かしむ。

橋本さんも宮田さんも昭和二十一（一九四六）年生まれ、いわば「団塊の世代」のはしりの世代でもある。小学校時代の同期生は五一人。当時、木造二階建て校舎の鯉川小学校には約三五〇人の児童が学び、体育館を挟んで鯉川中学校（昭和四十年廃校）も併設され、小中学校合わせて五百人前後が通っていた。浜鯉川集落だけをみても、小学生は百人前後を数え、半世紀余り経過して一桁台まで落ち込んだ今とでは、まさに「隔世の感」がある。

鯉川小学校、上岩川小学校、鹿渡《かど》小学校の旧三校が統合して平成二十一（二〇〇九）年四月に開校した琴丘小学校の児童数は、二百人にすぎない。各学年とも三〇〜三七人で、すべて一学級。それでも、三種町内では児童数が最も多い。

そして、少子化が進行する中、児童数は今後も確実に減り続ける見込みだ。

橋本五郎さんが生まれ育った浜鯉川集落。ここも過疎化が進行

橋本五郎さんが子どもの頃

三種町は、「平成の合併」で琴丘町・山本町・八竜町《はちりゅうまち》が合併した新町で、橋本さんの故里《ふるさと》は、これで戦後二度目の町名変更となる。

生まれた頃は、鹿渡町と言われていた。琵琶湖に次ぐ国内二番目の広さがあった八郎潟（二二〇平方キロメートル）東岸に横たわる人口七六〇〇人の町で、小規模零細の農業と八郎潟で営まれる漁業を生業にしていた。橋本さんが小学三年生の時（昭和三十年）、東隣の中山間地にある上岩川村と合併、琴丘町となる。

町名は、明治十四（一八八一）年九月の明治天皇東北巡幸の際、八郎潟を眺望した明治天皇が「琴の湖」と詠んだことから鹿渡を表す語として「琴」、山村の上岩川を表す「丘」の二文字を合わせたのが由来という。

橋本さんは、学校長の父親と保険外交員の母親の下、六人きょうだいの末っ子として育った。生家のある浜鯉川集落は九〇世帯を切るが、昔も今も鯉川地区七集落の中では最も世帯数が多い中心集落である。

浜鯉川からは八郎潟の湖岸は目と鼻の先だ。当時の八郎潟は遠浅の湖で、岸から四〇〇メートル付近までの水深は一メートル前後、最深部でも四、五メートル程度だった。生活雑排水で汚れきった現在からは想像もできないぐらい透明度が高く、周辺集落の子どもたちは夏は水遊びや魚釣り、シジミ採りを楽しみ、冬は凍結した湖面から丸形に氷を切り出し、ワラを敷いて氷のソリ遊びに興じた。

当時、琴丘町を揺るがす大きな出来事といえば、やはり八郎潟干拓にほかならない。戦中、終戦直後と何度か計画されては技術・予算不足で挫折した干拓事業は、食料不足を解消する国家プロジェクトとして昭和二十七（一九五二）年に再浮上する。

湖の三分の二を埋め立て、広大な農地を造る工事は昭和三十二（一九五七）年に始まり、

三倉鼻からのぞむ八郎潟干拓地。手前に延びるのは承水路

干拓前の八郎湖（昭和 35 年）。漁も盛んで、付近住民の収入源だった

完成まで二〇年の歳月と八五二億円の事業費をつぎ込み、一万七〇〇〇ヘクタールの干拓地を造成した。

『琴丘町史　通史編』（平成二年発行）は、干拓事業が町に及ぼした影響をこう記述する。

「住民の生活や地域の産業は古くから八郎潟との深いかかわりの中で展開してきた。この八郎潟が耕地に変えられる。八郎潟が潟でなくなるということは地域の人びとにとって生活の大転換をせまられることである」

漁業資源が豊富だった八郎潟では、鎌倉時代から漁が行われていた。周辺市町村には漁業組合が組織され、ワカサギ、ハゼ、シラウオの佃煮など加工業も盛んだった。琴丘では鹿渡町漁業協同組合（昭和二十八年の組合員二二六人）と鯉川漁業協同組合（同一二六人）の二つの漁業団体が操業していた。行商も行われ、捕れた魚を缶の入れものに入れて背負い、朝一番の列車に乗って秋田市や能代市に向かう鮮魚の行商人たちは「ガンガン部隊」と言われた。

ただし、多くは農業との兼業で営まれ、漁業への依存度も決して高くなかった。しかし干拓によって漁場を失うことで数十パーセントの減収を強いられることになり、当初は反対運動も組織されたが、その後の国や県を挙げた推進策に漁業補償の条件闘争に転換。造成されるモデル農村への入植と、新たな農地配分に期待感が変わっていった。

一方で、干拓事業は、町にかつてない経済効果をもたらした。工事業者が現地事務所を構え、作業員宿舎も設置された。埋め立て工事は大きな雇用を生み出し、多くの町民が作業に携わった。漁業権を放棄した補償金によって、浜鯉川集落は家の建て替えが相次いだ。

干拓工事は、湖の内側に総延長一〇〇キロの堤防を築き、中の水を汲み上げる大事業だった。湖底の砂を盛り上げ、外側をアスファルトで舗装、侵食されないように捨て石を積んでいく。一二四万トンに上る捨て石は、筑紫《ちくし》岳から採石された。筑紫岳に近い天瀬川《あませがわ》集落に住む、みたね鯉川地区交流センター運営委員会会長の小玉陽三さん（62）は「朝から発破の爆音が響き渡り、ひっきりなしにダンプが往来していた。飯場が並び、作業員もいっぱいいた。爆破された破片が天瀬川まで飛んできたこともあった」と語る。

また、干拓事業ばかりでなく、合併による新町づくりで計画された町立病院の建設や道路の整備、圃場の整備なども進み、相次ぐ公共事業に町は沸いた。元琴丘町長の工藤正吉さん（81）は「干拓事業が行われていたあの頃が、人々の暮らしも変わり、最も町に勢いがあった時期だったかもしれない」と振り返る。

人口減が始まる

昭和三十一（一九五六）年、経済企画庁の経済白書は「もはや戦後ではない」と謳い、敗戦の混乱期から立ち上がったことを宣言。その四年後には池田勇人首相が「所得倍増」政策を打ち出す。日本経済が高度成長の入り口に立ったこの時期、日本は変化への大きな一歩を踏み出し、国家プロジェクトの八郎潟干拓が始まった琴丘町も変わろうとしていた。しかし今、改めて振り返って驚くことは、経済的繁栄のとば口が、琴丘町にとっては人口減の始まりという事実だ。

右肩上がりの経済成長に突入しようとした昭和三十五（一九六〇）年、琴丘町の人口は一万四二二人に達する。しかし、これが町の人口のピークで、その後は減少の一途をたどる。

一〇年後の昭和四十五（一九七〇）年には八六八八人、二〇年後の昭和五十五（一九八〇）年には七五五四人と三割近くも減り、さらに、四五年後の平成十七（二〇〇五）年には五七六九人と、ピーク時の半分まで落ち込んだ。この間、人口は一度も上向くことがないまま、平成十八年三月に隣町と合併し、三種町に生まれ変わった。いわば琴丘町の歴史の大半は、人口が減り続ける軌跡でもあった。

なぜこれほどまでに、急激かつ長期間にわたって人口が減り続けたのか。

人口減の要因をみると、社会的な要因と自然的な要因が絡み合い、減っていったことが分かる。社会的な要因とは、町から出て行く人が、入ってくる人を上回る「社会減」、自然的な要因とは生まれた人が亡くなった人を下回る「自然減」だ。前半の二〇年間は、社会減によって急激に人口が落ち込んだ。いわば過疎化の始まりである。

とりわけ昭和三十年代後半から四十年代前半は、高度経済成長の下、全国的に人口が大都市圏に集中し、農山漁村から大都市圏の工業地帯へと流出。過疎と出稼ぎが地方の社会問題となり、琴丘町でも出稼ぎや若者の流出が一気に進行する。

こうした変化を最もドラスティックに表すのが主産業の農業構造の変化である。昭和三十五年には八千人近くいた農家人口は、五年後の四十年には七千人を割り込み、一〇年後の四十五年には六千人台まで落ち込み、町の人口の減り方と同じような下降曲線を描く。町内に安定的な雇用の場がないため、農外収入といっても工事の日雇いか出稼ぎに行くしかなく、多くは仕事を求めて町から出ていった。農家人口が総人口の七割を占めていたのだから、町の人口が減るのは当たり前のことだった。

しかも、農家人口の減少は、所得倍増政策と合わせて打ち出された農業基本法農政によって誘発された側面も色濃い。

農業基本法農政が目指したのは、農業と他産業との生産性の格差を是正し、所得の均衡を図ること、つまり、農家人口を減らして農地の集積化を図り、機械化によって生産性を上げることだ。また、集積化によって余った農村の労働力を工業部門をはじめとする他産業に振り分けることも目的とした。このため、小農切り捨ての「首切り基本法」と揶揄されもしたという。

昭和三十年代、琴丘町の農家一戸当たりの経営規模は、五〇アール〜一ヘクタールが半数を占め、一・五ヘクタール未満となると七割を占めた。当時は水田、畑を合わせ二ヘクタールが安定経営の基準とされていただけに、多くは不安定な小規模経営にほかならなかった。

農家人口の減少は、一見すると基本法農政が描いた理想的な展開に違いないのだが、基本法施行後の農家戸数の推移にはほとんど変化が見られない。これは、規模拡大は思うように進まず、生産性も上がらないまま、農業から離れる人だけが増えていったことを物語る。生産費はもちろん、農村でも生活水準が上がる中、専業農家ほど行き詰まり、農外収入に依存しなければならなくなった結果、農村の「余らせられた労働力」が、関東・東海などの工業地帯に振り分けられる。農業と他産業との生産性格差の是正どころか、工業化の枠内に農村が取り込まれることだけは着々と進んでいったのだ。

ひと口に過疎化といっても、琴丘町では主産業である農業の弱体化を伴いながら人口減が進んだことを見逃してはならない。

農政に翻弄される農業

昭和三十六（一九六一）年の『館報ことおか』に掲載された「農業基本法と町の農業」と題した座談会からは、当時の農業関係者が抱いていた思いを知ることができる。少々長くなるが、以下、『琴丘町史　資料編』から抜粋する（一部省略、再編集のうえ掲載）。

編集部　所得倍増とか農協（＝農業）と他産業との間の所得の格差をちぢめるというようなことから、この間の国会で「農業基本法」が制定されたわけですが、今後農業は大きく変わってゆくことが予想されます。そこで今日は農業基本法とかかわり合いをもちながら町の農業をどう考えて行ったらよいか、また、そこにはどんな問題があるかというようなことについてお話し合いいただきたいと思います。

司会　最近、田畑の移動がおおいということですが、どの階層がどんな理由で田地を手ばなすのか、またどの階層が田をもとめているかということですが。

牧野　一町（＝一ヘクタール）そこそこの農家は買おうという意欲をもっているようですね。ところが、もう農業に見切りをつけて手放すのが多いのもこの層です。五反（＝五〇アール）前後ではもう欲しがりません。

司会　農業だけではやってゆけない、だからといって労力の面で制約されて兼業にも出れないような一町前後層が一番苦しいところですか。

牧野　この層ではやはり耕地が足りないことが根本の問題なんだし、まず耕地をふやしてやることですね。基本法のねらいの一つはそこにあると思うんです。

見上　だから私としては八郎潟干拓に大きな期待をかけているわけなんです。干拓によって耕地がふえるし経営規模が大きくなる。そのためにもまず多くの入植者を干拓地に送り出すこと。そしていままで、その人たちがやってきた耕地は既存農家で受け入れられるように資金面で考えてやり適正規模農家にしてあげること、干拓による増反分の耕地は予定通り確保するよう全力をつくしてもらいたいわけです。

司会　それから最近めだっていることは兼業農家が非常にふえているということですね。

平塚　兼業が多いといっても、ここの場合は役所とか工場とか安定した月給とりは少ない。ほとんど出稼ぎとか土木工事という不安定なものなんですね。

畠　関東・関西では百姓は主婦がやって主人は近郊の工場の月給とりというのが多いそうですね。ところがこの近所にはなんにも工場らしいものがない。工場の地方分散ということは是非考えて欲しいことです。

平塚　だいたい一町未満の農家が半分以上でしょう。そういう農家は米の値段が安定していた頃はどうにかやってきた。ところがこんなふうに経済事情が変わってきて肥料が高くなる。農薬が高くなる。その割に米の値段があがらないというんでは決して希望あるものとはいえない。そこへもってきて首切り基本法とくる。意欲をもてといわれてももてっこないですよ。

出席者によって、それぞれトーンの違いはあるが、小規模農家が多数を占める当時の農業事情を憂いながらも、経営規模の拡大による振興や八郎潟干拓に期待を寄せていたことが分かる。

しかし、すでにみたように経営規模の拡大は思うように進まず、農家人口の減少＝総人口の減少＝過疎化という痛みを伴いながら、琴丘町の農業はその姿を変えていく。そして、大きな希望を抱いていた八郎潟干拓も、まったくの期待外れと言わざるを得ないものとなった。

裏切られる干拓への期待

一万七〇〇〇ヘクタールの干拓地を生み出し、「モデル農村」とたたえられた八郎潟干拓に対し、琴丘町の農家が期待したのは、モデル農村への入植と新しくできた農地の配分だった。

琴丘町の入植希望は七〇三人に上った。うち、農家の次男・三男が二五一人と三六パーセントを占め、経営規模が小さい中で次・三男対策として入植計画が思い描かれていたことが分かる。町が考えていた入植条件は▽農業に耐えられる強健な体▽満二十歳以上の者▽入植時に二人以上の農業労働力を有する▽一年以上の農業経験▽自己手持ち資金二〇万円▽八郎潟に依存する漁家の希望者は優先する――などといったものだった。

しかし、実際に全国から入植を募集する条件として示されたのは▽新農村建設の意義を理解し営農意欲が旺盛▽大型機械化農業に必要な知識技術の習得能力がある▽二十歳以上四十歳未満▽労働力が男女二人以上▽自己手持ち資金が二人家族一ヘクタール経営で約一四〇万円（第一次入植）――などで、地元優先はまったくかえりみられないばかりか、手持ち資金も地元農家が賄えるような額ではなかった。結局、昭和四十四（一九六九）年の第五次入植までの五六〇戸のうち、琴丘町から送り出されたのは一九戸にすぎなかった。

反面、農地の配分は、地先干拓地（周辺）が一四九戸に九三ヘクタール、中央干拓地が三三三戸に三二八ヘクタールが配分され、こちらはほぼ希望通りになったが、入植に地元優先を期待していた農家側への配慮という側面もある。

八郎潟干拓に対する地元の落胆を、『琴丘町史　通史編』は次のように記述する。

「干拓に際して地域住民は多くの入植者を新農村に送り込む、あるいはみずから入植することによって零細な農業経営や次三男問題の克服に期待をかけた。しかし、その期待は、入植者は全国から募集するという国の方針によってむなしくなり、多額の自己資金の必要も一般の農民の意欲をくじいた。その代償のようなかたちで二ヘクタール以下の経営の農家に一ヘクタール、干拓によって生業を失う漁家に一・一ヘクタールの増反が行われたのであるが、その土地代金の償還開始が目前に迫っていたのである」

以上、昭和三十年代後半から四十年代前半にかけた琴丘町の農業を取り巻く状況を見てきたが、この時期の農業構造の転換を伴う過疎化は、その後の町の方向性を決定付けたと言っていい。

そして、次に待ち受けていたのが減反政策である。食糧管理制度を維持するため昭和四十五（一九七〇）年に始まった減反政策は、さらなる構造転換を迫り、三ヘクタール未満の農家を駆逐し、三ヘクタール以上あるいは五ヘクタール以上でなければ経営が成り立たなくなっていく。

農業を産業論のみから論じるのであれば、規模拡大によって経営の効率化を図ることは、生き残るための必要条件にほかならない。しかし、規模拡大＝効率化は、必然的に農家数を減らし、農村に住む人を減らし、過疎化を促進させる。近代化の自己矛盾といってもいい現象だ。

「一九七〇年代の農村は減反政策によって大きくその様相を変えていった。中規模経営農家はゆきづまり、農家戸数も徐々に減少して農外収入に依存する度合いを強めていった」（『琴丘町史　通史編』）

農業基本法農政が小規模零細農家を追いやったとすれば、減反政策は中規模農家を追い詰め、さしたる雇用の受け皿がない町からの人口流出にいっそうの拍車を掛けた。

自然減が加わる

人口減の様相は、昭和六十年代から新たな局面を見せ始める。それまでは、町から出てゆく人が入ってくる人を上回る「社会減」が主流だったが、生まれてくる人が亡くなる人を下回る「自然減」も始まり、社会減と自然減のダブルで減り続ける。

秋田県調査統計課の年齢別人口流動調査によると、琴丘町で自然減が発生したのは昭和六十二（一九八七）年のことで、年間の出生が六四人に対し死亡が七二人と出生数が初めて下回った。その後、出生数は年々減り続け、平成九（一九九七）年には三〇人台にまで低下、平成十四（二〇〇二）年と十六（二〇〇四）年には二七人にまで落ち込む。一学年四〇人学級として、町内で一年間に生まれる子どもの数は、一学級にも満たない勘定だ。半面、死亡は六九〜一〇二人で推移し、平成十七年は自然減五五人に対し社会減二一人と、自然減が社会減を上回るのも、もはや珍しいことではなくなった。

このことが何を意味するのか。若い人たちの町外への流出が続く一方、残った人たちも徐々に高年齢化し、新しい人口を生みだせなくなり、いわば地域社会の再生産能力の減退に陥ったと言わざるを得ない。町の過疎化は、ここで新たな段階を迎え、このままでは自力回復が不可能な絶対的減少に行き着く。子どもたちの姿がみられない集落は、いわば半世紀の年月をかけた社会減と自然減のスパイラルで形作られたものだ。

ちなみに、合併前年の琴丘町の人口五七六九人のうち、十五歳未満の年少人口は六四七人で一一・二パーセントにすぎず、六十五歳以上の老齢人口は一八七五人で、三二・五パーセントを占めていた。典型的な少子高齢化社会の姿といってよく、これが高度経済成長以降、一極集中の経済構造に翻弄され続けてきた地方の農山村の現実にほかならない。

そして、琴丘町に限らず、秋田県内の過疎に悩む市町村は、どこも似たような様相を見せる。平成五（二〇〇三）年、秋田県は全国の都道府県に先駆けて人口の自然減が発生。今では自然減が社会減を上回り、年間一万人超の人口減の主要因は自然減だ。いうならば、少子化によって社会的継続性が断ち切られていることが、地域の将来を暗くしていると言っても過言でない。

閉校と利活用

少子化の進行は、小中学校の児童生徒数の減少につながる。秋田県教育委員会によると、平成十四（二〇〇二）年度から二十三（二〇一一）年度までの一〇年間で県内の小学校九七校、中学校二〇校の計一一七校が閉校した。

また、文部科学省のまとめでは、平成四（一九九二）年度から二十二（二〇一〇）年度までに発生した秋田県内の廃校（閉校後、学校として利用していない）は一六二校。都道府県別では北海道が七〇六校と断トツだが、秋田県は九番目と上位にランクされ、かつて子どもたちの歓声が響き渡っていた校舎が、もぬけの殻となってあちこちに点在している。

「廃校舎の活用は、まさしく地域の大きな課題」と訴えるのは、財団法人あきた資源ネットワーク専務理事の鐙啓記さん（62）だ。「ほとんどがイベントなどでの一時的な利用にとどまり、年間を通して活用しているケースはわずか。これでは地域はますます廃れるばかりで、行政が本腰を入れているとも思えない」と警鐘を鳴らす。

廃校になった校舎の多くは、言うまでもなく山間部などの過疎地域にあり、それゆえに空気がきれいで、水がよく、自然環境に恵まれたところに建つ。この立地的な条件を生かし、鐙さんは「食品加工の工場やレストランに活用できればいいのだが」と考えているが、実際のところは需要がないのが現状だ。

大館市の山間部にある旧山田小学校は、県外資本の白神フーズ株式会社(根田哲雄代表取締役)が生ハム工場として再生。山あいの気候風土が保存料を使用しない長期熟成型の生ハムの生産にマッチしていると、県内産の豚肉を天然の塩のみで仕込み、全国の百貨店などでも販売されている。民活を導入した旧山田小学校の利用を鐙さんも廃校舎利活用の成功例に挙げる。

しかし、民活により廃校舎を活用できたケースは極めて少なく、県教委によると、県内では四、五例にとどまるという。校舎の状態や消防法など関係法令、さらには各自治体が設定する活用条件などがネックになっていると指摘する。

三種町に隣接する能代市では、この五年間で小学校九校が廃校になり、利用方法が決まっているのは、市教育委員会が分室を設置する中心部の旧渟城《ていじょう》第二小学校と、埋蔵文化財

解体前の旧鯉川小学校校舎（昭和 57 年）

木造校舎当時の授業風景

の保管庫として使用する富根《とみね》小学校のみ。活用を公募した校舎もあったが、いずれも応募はゼロだった。

市総合政策課は「地域の活性化に役立ててほしいと地元で活用方法を話しあってもらったが、妙案がなかったり、活用案があったとしても誰がその役を担うのかというところでつまずいている」と話す。その後、優れた木造建築と評価されている小学校一校は活用の動きが出てきているが、老朽化が著しい校舎から解体せざるを得ないという。

地域の文化的なシンボルだった学校を活用したい思いはあっても、高齢化によって地域の力が衰え、担い手を確保できないでいる現状が浮かび上がる。おのずと、空き校舎のまま残され、朽ちて解体されるのをじっと待つことになる。

文部科学省によると、廃校舎四一七九校（平成二十二年度、公立の小中高校）のうち、校舎が残っているのは三七五四校で、何らかの活用が図られているのが二六二〇校、まったく活用されていないのが一一三四校。主な活用状況は、公民館や生涯学習センター、資料館、美術館など社会教育・文化施設が七二五件と最も多く、障害者福祉施設や保育所、介護老人施設など福祉医療施設が三〇三件、体験交流施設が二五九件などとなっている。

同省大臣官房文教施設企画部施設助成課は「地域の人たち、民間企業、行政と運営主体はさまざまだが、廃校になった学校を活用して地域をどうにかしたいと思う熱意の強さが、利用に結びついている」と話す。

廃校が決まった鯉川小学校も地域の人々が当初要望した公民館分館構想が挫折し、そこで地域の人々の思いが萎えてしまっていたならば、県内の多くの廃校舎がたどったように、一時的に活用されるだけの空き校舎のままだったかもしれない。

橋本さんの蔵書寄贈が、廃校舎の運命を大きく左右したのは言うまでもないことだ。

春
笑い
東北
限定

第四章 「橋本五郎文庫」が蒔いた種

人口減と少子高齢化が著しい三種《みたね》町鯉川《こいかわ》地区。廃校になった小学校を活用した「橋本五郎文庫」の開設から一年が過ぎた。橋本五郎さんが寄贈した二万冊の本を基に文庫づくりを進めたのは、住民にとって、大きな挑戦だった。橋本文庫は地域の人々に何をもたらしたのか。文庫の運営に携わる人々、常連さんたちの思い、そして、文庫や地域の将来像を通して探る。

本好きの元ビル管理マン

平成二十三（二〇一一）年四月二十九日にオープンした橋本五郎文庫は、水曜日と土曜日、日曜日の週三回、午前十時から午後四時まで開いている。旧鯉川小学校のランチルーム兼家庭科室だった一階のメーン文庫のフロアと壁際には書架がずらりと並び、二階にも第二文庫、第三文庫を設け、クラシックのＢＧＭが静かに流れる。

二万冊でオープンした蔵書は、その後も橋本五郎さんから寄贈が続き、その他、橋本さんつながりの著名人や出版社、文庫開設の趣旨に賛同した無名の人々からも寄せられ、一年後には二万五〇〇〇冊に達した。

宮田勝良さん

橋本さんは読売新聞の第一線で活躍した政治部記者であっただけに、書架には政治経済関係の学術書やノンフィクションが充実しているのはもちろんだが、意外に多いのが文学書だ。「五分の一ぐらいは古典から現代までの文学書。堅い本ばかりじゃありません」。みたね鯉川地区交流センター運営委員会事務局次長の宮田勝良さん（61）は話す。

宮田さんは、昨年五月に秋田市のビル管理会社を退職後、開館日には欠かさず顔を出し、本の貸し出し・返却など文庫や施設の管理全般を担当している。「私は橋本五郎文庫の管理人みたいなもの」と語る。

三種町の隣の能代《のしろ》市の出身で、結婚して妻の実家のある浜鯉川に移り住んだ。宮田さんにとって鯉川小学校は母校ではなく、閉校に特別な思い入れがあったわけではない。「会社を辞めたら次に何をしようかなと考えていたところに、文庫の管理人を探しているという話を聞いた。本は好きなほうだし、建物の管理なら現役時代の仕事を生かせると思った」。五年ほど前に自宅を改装した際、置き場に困った四百冊の蔵書を処分せざるを得なかったという本好きの宮田さんは、文庫のオープンを機会に退職し、セカンドライフの一つに文庫の管理人を選んだ。

施設全体を管理するといっても実質的には旧校舎の半分しか使っておらず、「適度な規模。管理上の問題はほとんどない」と言う。ビル管理の専門家の目線からはワックス掛けした廊下の傷みが気になるところだが、来館する人が気持ちよく読書できるようにとモップにバケツと限られた道具で清掃にも励む。白髪交じりの知的で温厚な印象が、田園地帯の文庫にどことなくマッチしているようにも見える。

二十三年五月から二十四年三月まで計一六〇日の開館で、来館者数は延べ四五四八人に達した。一日当たりの来館者数は二八・四人。また、二週間の期限で一人三冊まで貸し出しているブックレンタルの登録者は一四二人(二十四年三月現在)。このうち三分の二が三種町内で、三分の一が能代市や八郎潟町、五城目《ごじょうめ》町、潟上《かたがみ》市、秋田市など町外の人たちだ。これまで延べ五一九人に一〇六五冊を貸し出したが、貸し出し状況のチェックと返却された本を元の書架に戻すのも宮田さんの仕事だ。

本の仕分け作業に始まり、文庫にかかわるようになってから、宮田さんは地域のいろんな人たちと知り合うことができた。「出身が能代市で、職場が秋田市だったこともあり、実は地域のことがよく分からなかった。運営委員会の人も、会長の小玉(陽三)さんだって、子どものPTAで面識があった程度。知り合いが増えましたね」と笑う。

今では文庫の常連さんと顔なじみになれるのも楽しみの一つだ。「秋田市から来る人がけっこう多い。こちらから声を掛けたり、声を掛けられたり。雪道の運転が恐いから冬場は来られないという人もいれば、農作業があるから冬場しか来られないという人もいる」。

文庫の管理人になってから宮田さんの視野は広がり、本を巡る人間模様を楽しんでいるようでもある。

図書館とは一味違う魅力

「書評する本は必ず『二回半』は読むことにしている。赤鉛筆を持って、まず通読する。次に赤線を引いたところを抜き書きしながら、もう一度読む。そして抜き書きしたメモを読みながら構想を練る」(『「二回半」読む――書評の仕事 1995-2011』藤原書店)。

橋本さんは自著にそう記す。

それは書評用の本ばかりでなく、個人的に耽読したものも変わりはないらしく、行間に赤鉛筆が走り、付箋が付いたり、新聞の書評を挟み込んだままの本も少なくない。本に向き合う橋本さんの感動や疑問、息遣いまでが伝わってきそうだ。ここが、まっさらな本が並ぶ一般の図書館とは違うところで、個人蔵書の寄贈をきっかけにできた文庫の特徴と言えるのかもしれない。

仕分け作業の段階で、多くの本は付箋が取り除かれたが、メーン文庫には、びっしりと付箋が貼り付けられた本だけを集めた書架もある。「書評コーナー」のタイトルで、橋本

橋本五郎さんが執筆した書評を展示したコーナー

さんが書評を書いた本を、新聞書評の切り抜きとともに展示。一冊当たりの付箋の多さ、その整然とした貼り方、小さな文字が這う書き込みなど、橋本さんの読み込みの徹底ぶり、几帳面さにも驚く。赤線を引いた箇所だけを追ってみるのも、ひと味違う読書の楽しみ方だ。

そんな読み方に魅せられた一人が、仕分けボランティアとして文庫の運営に関わった宮田京子さん（64）だ。「難しい内容の本には違いないけど、五郎さんがどの部分に興味を抱いたのか関心があって、ついつい手に取り赤線部分を追うようにして読んでしまう」。哲学者マルティン・ハイデガーと政治学者ハンナ・アーレントの書簡集『アーレント＝ハイデガー往復書簡』もいたるところに赤線が走り、黄色の付箋が貼り付く一冊だ。師弟かつ恋仲でもあった二十世紀を代表する哲学者と政治学者の関係のどこに橋本さんが興味を示したのか、赤線を追いながらページをめくった。

書評を書いた本の著者から届いた礼状の封書やハガキを挟んだ本も、そのままの状態で橋本さんの蔵書が詰まった段ボール箱には入っていた。有名作家の礼状もあり、文庫の「秘蔵の品」となっている。管理人の宮田さんは「残念ながら、これは展示できませんね。ハガキはまだしも、封書は著作権が送り主にあり、勝手に展示できないですからね」。封書やハガキはファイルの中に大切に保管、門外不出の扱いになっている。

メーン文庫には「新刊本コーナー」も設けられている。開館以降も二カ月に一回の割合で橋本さんからは本が届き、二十四年二月に送られてきた段ボール箱一つには三〇冊余が詰まっていた。そのほとんどが小説などの新刊本で、さっそく丸テーブルを用意して専用コーナーを作った。

宮田さんは「古い本ばかりでは面白くないと思う人がいるかもしれない。運営委員会には新刊を買いそろえられるほどの財政的な余裕がないので、橋本さんから新刊本が送られてきたのはうれしかった。新刊本コーナーから借りていく人も多く、最近の本もあると知ったら、訪れる人も増えるかもしれない」と期待を寄せる。

橋本さんの名前を冠した文庫だが、ほかの人の寄贈本も蔵書の内容を豊かにしている。寺島実郎さん（日本総合研究所理事長）、岩田公雄さん（読売テレビ特別解説委員）、五十嵐武士さん（秋田県出身の政治学者で東大名誉教授）、佐藤嘉尚さん（故人、能代市二ツ井町出身で雑誌『面白半分』編集長・評論家）、かまくら春秋社（神奈川県鎌倉市の出版社）社長の伊藤玄二郎さん……。

橋本さんのファンで秋田市に住む七十代の男性からは、文庫に六百冊の寄贈があったという。

コーヒーサロン

一階のメーン文庫には、来館者に飲み物を提供する「コーヒーサロン」がある。柔らかなソファーやカウンターに座り、コーヒーを味わいながら読書に興じる。これが独特のくつろぎの空間を演出する。

コーヒーサロンでくつろぐ地域住民たち

開館日に合わせ、正午から午後二時三十分までコーヒー（一杯二五〇円）と紅茶（一杯一五〇円）を提供している。運営委員会の役員の親族で東京都内に住む女性が、フリーマーケットで探し出した五脚のカップから始めたもので、半円形のカウンターは、家庭科室にあったものをそのまま活用した。常時用意しているわけではないが、手作りのマドレーヌも人気の一品だ。

コーヒーボランティアとして登録している地域の女性一八人がローテーションを組んで接客している。彼女たちは、いずれも本の仕分け作業に参加した人たちで、平均年齢が六十歳前後、最高齢が六十九歳。鯉川地区に生まれ育った人はわずかで、多くは他の地域から鯉川に嫁いできた人たちだ。

「それぞれが別の集落に住んでいたから、図書の仕分けは、みんなが交流できる良い機会になった。仕分けが終わっても、またみんなで集まりたいねと話し合っていたところ、文庫でコーヒーを提供したらどうだろうというアイデアが出てきた。それはいい、じゃあやりましょうとコーヒーボランティアが始まった」。みたね鯉川地区交流センター運営委員会副会長の宮田ミチさんは語る。

本の仕分け作業に集まった女性たちは、子どものPTAなどで顔見知りになった人もいるが、それぞれ年代も、住んでいる集落も違い、仕分け作業に参加するまで多くは知り合う機会もなかった。婦人会の活動も頻繁に集まりがあるわけではなく、そもそも家庭の主婦が外に出るきっかけは限られていた。

「集まれる場所ができて、楽しかった」「やればできるんだと自信になった」「ボランティアをやっていて、夫婦の会話も増えた」。コーヒーサロンの運営会議に集まった一人ひとりに作業を振り返ってもらうと、そんな感想が相次いだ。それなりに刺激的な日々だったことがわかる。本の仕分け、コーヒーボランティアと文庫に関わり続けることは、彼女た

コーヒーは名水で知られる地元の湧き水で入れる

ちの社会参加にほかならない。橋本さんの本がふるさとの人々に蒔いた種と言っても過言でない。

サロンで提供するコーヒーの豆は、京都の焙煎メーカーから取り寄せている能代市内の喫茶店に分けてもらい、沸かす水は、旧鯉川小学校近くにある湧き水を汲んで用意している。「長寿の水」として人気が高く、ポリタンクを持った人が列をつくる名水だ。町外からわざわざ汲みにくる喫茶店のマスターもいる。

コーヒーを提供し始めた頃は、誰もが長続きするとは思っていなかったそうだが、当初仕入れた豆が切れ、また仕入れる反響に喜びを噛みしめた。今では固定客もでき、コーヒーボランティアの女性たちとの会話を楽しみに足を運んでくる人もいる。「秋田市から夫婦で来る人もいて、だんなさんが本を読んでいる間、奥さんはコーヒーを飲みながら私たちとゆっくり会話を楽しんでくれる。私たちも、よその街の話を聞くのが楽しみですね」と話すスタッフもいる。

「多い日で五、六人ぐらい。イベントがある日は注文もぐんと増える。コーヒーを気に入ってくれて、土曜日となれば文庫に足を運ぶ常連さんもいて、ありがたいです。冬期間は体育館でグラウンドゴルフをやっていた人たちも帰りには立ち寄ってくれます」と宮田さん。

オープンから一一カ月間の収益が一〇万円に上った。運営委員会への寄付を除く六万円をコーヒーボランティアへの出勤一回に付き三百円で、登録者一八人に配当。わずかな額にすぎないが、配当が出るほどの成果をみんなで喜び合った。

常連さんの思い

平成二十四年四月四日の午前中のこと。一週間前に借りた本を携えながら、三種町鹿渡の金弘さん（77）が小学生の孫を連れて橋本五郎文庫にやってきた。「爆弾低気圧」の北上で前夜から吹き荒れていた台風並みの暴風雨もやみ、ぐずついた空模様に変わっていた。管理人の宮田勝良さんらと暴風談義でひとしきり盛り上がった後、いつものように本を探しにメーン文庫へと向かった。

金さんは、南樺太（現サハリン）の生まれ。終戦後、母親ときょうだい三人の四人で引き揚げ、母親の故郷の鹿渡に落ち着いたのは十二歳の時だった。以来、鹿渡地区で暮らし、就いた仕事が屋根の板金工。昭和五十八（一九八三）年に鯉川小学校が現在の鉄筋コンクリート校舎に建て替えられた際には体育館の屋根をふき、何度かあった雨漏りを修繕した。「ここは、わが家みたいなもんだな」と笑う。

そんな思い入れの深い小学校が閉校した。代わって文庫がつくられることになったと聞き、開設準備に参加しようと思ったが、あいにく体調を崩して作業に顔を出すことはかなわなかった。せめて蔵書の充実につながるならと思い、自宅の書斎から『源氏物語』などの本を提供。文庫のオープン後には干拓前の八郎潟での人々の営み、干拓事業の光景などをとらえた写真家・石川次男の『消えた八郎潟』（昭和四十年）や、樺太関係の資料も寄付した。

オープン後、金さんの文庫通いが始まる。夏場は、水・土・日曜日の開館日にはほぼ毎回のように通い、大好きな歴史書や推理小説を一日中読みあさった。寒くなり、雪が降るようになってからも週一回は欠かさず訪れている。

「そんなに本を読んで何になる気だ、とよく言われたもんだが、ほかに趣味もないからね。ここができる前は、近くの公民館の図書室に行っていたが、なにせ本が少なくって。橋本五郎文庫は量が全然違う。よく整理されているから読みたい本も見つけやすい。こういう場所が、ずっとほしかった」。金さんにとって、まさに待望の文庫誕生だった。

また、「いつ来ても、ここには必ず誰かがいる」ということも金さんが文庫に通う理由だ。文庫に来るようになって、知り合いがたくさんできた。裏のグラウンドで活動しているグラウンドゴルフのサークルにも参加。かつて、自らが屋根をふき、雨漏りを修繕した子どもたちの学び舎は、今度は、自分が人々とのふれあいを求めに来る場になった。

「文庫に望むこと？　もっと開館日を増やしてほしいとか、いっぱいあるけど、とにかくいつまでも続いてほしい。いつまでもあってほしいと思える場所だよ」。金さんは、心からそう願っている。

同じく鹿渡の藤本京子さん（70）も二週間に一回は文庫に足を運んでいる。「難しい本は読まない。時代ものや人情ものの、もっぱら小説だけ。本棚を回って、おもしろそうだなと思ったものを借りてくる」という常連の一人だ。

本はもともと好きだった。だが、若い頃は農家仕事が第一で、田んぼや畑仕事に家事と、読書している暇なんてなかったという。「女に本なんて必要ない」という周りの雰囲気もあった。心置きなく手に取れるようになったのは、五、六年ほど前からで、悩まされていたリウマチの痛みも治療薬の進歩で落ち着いた頃からだ。「車でちょっと走れば文庫に着く。いろんな本があって、とにかく量の多さに驚いた。いつでも読むことができるんだなと思うと、うれしくってね」。藤本さんはそう話す。

少ない蔵書量ながら図書室があった琴丘公民館は、老朽化に伴い閉鎖されてしまった。金さんも藤本さんもそうだが、読書に飢えていた人たちが、常連となって、文庫に通い続けている。

イベント・企画展、次々と

橋本五郎文庫を開設する「みたね鯉川地区交流センター」の体育館は、久々に人々の熱気に包まれた。開設一周年を記念した四月十五日の新春チャリティー落語会。金原亭馬生

宮田ミチさん（左）が開催した「母と娘三人展」

一門による高座やマジックなどの催しに町内外から約二五〇人が詰めかけ、笑い声が響いた。

落語会は、読売新聞の販売所で組織する秋田県読売会の主催。いわば、橋本さんのお膝元の新聞社による企画だった。しかし、こうした「外部」の主催によるイベントはむしろ珍しく、同センターでは、運営委員会が企画する手作りイベントが、ちょくちょく行われている。

二十三年四月のオープンから十月まで月一回のペースで開催された「健康のつどい」は、社会体育を専門とする元町職員をインストラク

校地だった広い土地は住民がグラウンドゴルフで活用

ターにストレッチやゲームを楽しみ、毎回、約二〇人の参加者が心地よい汗を流した。その一環で能代市の山本組合総合病院の元院長を講師に健康講話も行われ、こちらも好評だった。このほか、地域住民による趣味の作品展、ひな祭り読み聞かせ会、グラウンドゴルフ大会など、それこそ開催されるイベントは多彩だ。地域の人々が気軽に集まり、交流できる施設にしたい――。それが、開設の狙いでもあるからだ。

運営委員会会長の小玉陽三さんは「せっかくの施設に足を運んでもらえるように、これからもイベントを企画し、できるだけ大勢の人たちに利用してもらえることが私たちの務め」と話す。

文庫を核にした施設には違いないのだが、それだけでは人を呼び込むには限りがある。本に関心がない人たちにも来てもらえるようにと、「何をやったらいいか、日々頭を悩ませているよ」と小玉さんは苦笑いする。

運営委員会ではほぼ月一回のペースで、文庫の広報紙『田園文庫だより』も作製し、町の広報誌に折り込んで旧琴丘町の各世帯に配布してもらっている。企画するイベント情報、夏場のホタル狩りスポットといったご当地情報も盛り込みながら、文庫の活動をアピールしている。タイトルの「田園文庫」は、都会の喧騒とはかけ離れた、静かな環境でゆっくり過ごせる空間をイメージした。発案者の小玉さんは「文庫の情報を切れ目なく発信していくことが、地域の文庫への関心を切らさないことにつながる」と信じている。

一方、豊富な蔵書を生かした文庫ならではの企画展も特徴の一つと言っていい。企画展第一弾は、昭和四十〜五十年代のサブカルチャー雑誌『面白半分』の編集発行人で昨年十一月十九日に死去した編集者・文筆家の佐藤嘉尚さん（享年六十八歳）＝能代市二ツ井町出身＝にちなんだ展示会を開催。二十四年三月から六月までのロングランに県内外から多くの人が訪れた。

佐藤さんが生前、橋本さんと親交が深かったことから遺族が遺品の寄贈を申し出て、創刊号からほぼ全冊の『面白半分』をはじめ、六百冊近い佐藤さんの蔵書や、「四畳半襖の下張」事件の最高裁判決文、著名作家が務めた歴代編集長らとの取材・編集風景をとらえた写真など貴重な品々が所蔵品に加わった。

文庫二階の「趣味の部屋」に初号から最終号までの『面白半分』を並べ、吉行淳之介や野坂昭如、井上ひさし、筒井康隆ら人気作家が交替で編集長を担当する雑誌の特徴を写真と説明文で解説。展示レイアウトは、管理人の宮田さんと小玉さんの二人が担当した。

「佐藤嘉尚さんにゆかりのある品々は、当時の文化状況をよく表わしたものばかり。展示は、素人がやることだからたいしたことができなかったが、訪れた人には関心を持って見てもらうことができたのではないか」と宮田さんは謙遜するが、その出来栄えといい、田舎町で企画された異色の文化イベントとして注目を集めた。

文庫開設を支援した人々

「鯉川の人たちが一生懸命だったから、こちらも引っ張られていったところがある。廃校舎活用の良い事例になるんじゃないかな」。

三種町役場琴丘総合支所の琴丘振興課長補佐（現・町商工観光交流課長補佐）として、旧鯉川小学校の活用検討の段階から文庫の開設に至るまで、町側の担当者として住民とかかわり続けてきた桜庭一則さん（54）は、そう振り返る。

住民主導による文庫開設に行き着くまでは、町と住民が感情的に対立する場面も何度かあった。旧鯉川小学校の活用について、地域の人たちは公民館分館として町職員を常駐してほしいと要望したが、町側は首をたてに振らなかった。運営をできるだけ町の責任でやってもらいたい住民側と、合理化策の一環で廃校にしたのだから利活用にも金を掛けたくない町側のすれ違いと言っても過言でない。

桜庭さんは、小玉陽三さんや宮田ミチさんら中心メンバーと話し合いを重ね、住民側ができること、町側がやらなければならないことの線引きを模索した。「あれもこれも町がやるべきじゃないかという姿勢でこられていたら、正直こちらも対応できなかったと思う。小玉さんたちが、住民の手で文庫を造ろうと進んでいったからこそ、われわれも支援しなければと引き込まれていった」と語る。住民の手弁当で、あくまで身の丈に合った文庫をつくろうとする姿に共感し、桜庭さんも鯉川地区に何度も足を運び、文庫開設の仕分け作業にもかかわった。運営委員会のメンバーも「桜庭さんには骨を折ってもらった」と感謝する。

旧山本町の職員だった桜庭さんは、昭和六十一（一九八六）年に山形県で行われた公務員研修で、ある町の首長が力説していた言葉が忘れられない。その首長は「小学校は地域コミュニティーの核になる施設なのだから、統廃合してしまえばコミュニティーの崩壊につながる。だから、いくら少人数になっても私は統合しない」と力説した。どこの町の、何という名前の首長かも忘れてしまったが、その言葉が胸に残っている。

「鯉川地区は、小学校こそ廃校になってしまったが、今度は、橋本五郎文庫に形を変えて地域コミュニティーの核になろうとしている。しかも、主体になったのは六十代の人たち。橋本五郎さんというネームバリューがあったとはいえ、住民の頑張り、チームワークの良さはたいしたものだと、つくづく思う」

小学校の統廃合は、将来的に町内の他の地区でも浮上してくる問題であるのは想像に難くない。それだけに鯉川地区の実践に地域コミュニティー維持の一つの理想的な形態を見る桜庭さんは、今後も運営が上手くいくようにと切に願っている。

県立図書館副館長の山崎博樹さん（57）も、文庫づくりを通して鯉川の人たちと深く関わってきた一人だ。

二万冊の本の仕分け作業をボランティアに指導したのが、この人であり、開設準備中は鯉川に通い続けた。「秋田県が二十二年度に策定した『読書活動推進基本計画』は四つの柱の二番目に『県民・民間団体・企業等による読書活動の推進』をうたっている。鯉川での活動は、まさにそれを体現したもの。住民の協働によって、官にもできないような取り組みをしてきた。県内のモデルになりうるもので、鯉川の取り組みは、もっと周知されていい」と称賛する。

そして、今後は、文庫に特化するのではなく、住民の拠り所となれるような施設になることができればという。

「市町村合併によって、地域の独自色が消えてしまい、合併前の資料も失われてしまったところもある。そして、今度は地域の中核施設である小学校の廃校で、地域がますます廃れてしまい、その資料も失われることになりかねない。ぜひ、橋本文庫には、地域に関する資料を集め、地域の遺産をキープする役割も担ってほしい」

山崎さんは、そう提言する。

それぞれが思い描く文庫の将来

開設二年目に入った橋本五郎文庫。四月二十八日に行われた開設一周年記念セレモニーは、橋本五郎さんと秋田市出身の女優、浅利香津代さんのトークショー、テレビキャスターで評論家の辛坊治郎さんの記念講演会などが行われ、町内外から訪れた七百人超の参加者でにぎわいを見せた。

この日、来館者はちょうど五千人に到達。あいさつに立った運営委員会会長の小玉陽三さんは「この一年間、やることなすこと全て初めてのことで手探り状態。残された課題もあるが、楽しいエピソードも多かった」と述べ、今後も親しまれる施設づくりに努めることを誓った。

橋本さんはトークショーの中で、「東日本大震災から一年が経ち、復興もこれから本格的に行われていくが、自分たちのふるさとをどうするかを考える時に来ているのではないか」と、被災地・東北と、少子高齢化が進む自らのふるさとを重ね合わせて将来の指針を定めることを提起。その上で、「自分ができることは何か。持っているものは本しかない。

私は単に本を運んだだけ。（文庫づくりを）一から勉強し、整理し、ラベルを張って人が集まれる温かい場をつくってくれたのは小玉陽三君ら地元の人たち。彼らが一生懸命やってくれたことを誇りに思う」と、謝意を表した。

橋本さんと同期生で、運営委員会と橋本さんとの橋渡し役となった三種町議会議員の宮田幹保さんは「一年目で五千人を超える利用者があったというのは、地域への波及効果が大きい。一周年記念イベントの落語会、辛坊さんの講演会といい、文庫がなければ絶対にできなかった」としみじみと語る。

もちろん、講師の招聘などに橋本さんのネームバリュー、人脈が果たす役割も大きく、秋田市と能代市の中間にある田園地帯の旧小学校が、文化施設として異彩を放つまでになったのは、橋本さんのふるさとを思う気持ちの反映にほかならない。「十八歳で故郷を離れた彼は、ずっと地域に恩返しがしたいと言い続けていた。学校としての校舎はなくなってしまったが、相変わらず文化の殿堂であり、ある意味、学校以上の働きをしている。何もなければ、何もない地域になるだけだった。文庫ができて本当に良かった」。宮田さんは、そう語る。

開設1周年記念で行われた橋本五郎さんと浅利香津代さんのトークショー

テレビキャスターの辛坊治郎さんも講演

運営委員会会長の小玉さんは「最初に描いていたものより、充実してきているのではないか。当初は、われわれの力でやれるだろうかと不安もあったが、みんなの協力でここまでくることができた」と、手探りだった運営を振り返る。

小玉さんは、今後の課題として文庫のリピーターをどう確保するか、また、地域の人たちが集まる交流センター機能をどう強化していったらいいのかを挙げる。文庫だけではいつ飽きられるかわからないし、どれもこれも、まだ道半ばという思いが尽きない。

運営委員会には二十三、二十四年度、国の交付金事業としてそれぞれ一一九万円が交付された。しかし、水道光熱費やイベントの運営費、施設管理の人件費を合わせると足が出てしまい、同窓会や地域の人たちの寄付金一四〇万円から不足分を充て、寄付金は九〇万円余まで減った。国の交付金事業は二十四年度で終了、二十五年度以降は町が運営費を補助することになっているが、額の取り決めはない。「施設の性格上、収益を上げる事業なんて無理。運営はまだまだ手探りの状態」と言う。ましてや、もう何年か後に確実にやってくる担い手の世代交代にも備えていかなければならない。

「年なんだから、やれないこともあるでしょう。自分が納得できないことは、やる意味ないでしょう。そう妻に言われたんだよ。まさしく、その通りだよな」と小玉さん。いろんな人の意見を取り入れながら、「身の丈に合った運営」という原点も忘れずに、やれるところまでやる覚悟だ。

運営委員会副会長の宮田ミチさんは、文庫の将来像について地域のひとり暮らしのお年寄りや高齢世帯の人が集えるような場に機能を発揮できれば、と思い描く。

文庫には畑仕事の帰りに立ち寄ったり、一人でご飯を食べるのが味気ないから来てみたという人もいる。七十歳前後のお年寄りが気軽に足を向ける場所にもなってきた。二十三年十一月、地区の一人暮らしのお年寄りを対象にしたお楽しみ会を開催したところ、二〇人余が集まり、評判も良かった。

「お年寄りのお楽しみ会は年一回だけでなく、年三回ぐらいは開きたい。琴丘には傾聴ボランティアのサークルがまだない。民生委員や社会福祉協議会との連携も不可欠で、手順を詰めていきたいと思っている。お年寄りばかりでなく、この地域は比較的若い人たちも外に出る機会がないとの話も聞く。いろんな世代が集まれる施設になったら理想です」

宮田さんは、超高齢化社会を迎えた地域を担う交流施設としての明日を見据える。

文庫開設は、地域にさまざまな波及効果をもたらしたのは間違いない。新たな文化の場、交流の場として地位を築きつつあることもその一つで、埋蔵文化財の保管庫にとどまっていたら、それこそ宮田幹保さんが言うように、何もない地域になっていたかもしれない。また、開設準備と運営を住民主導で進めたことで「地域力」「住民力」の自信にもつながった。そして、その自信があるから、宮田ミチさんがイメージするような施設の新たな可能性も出て来た。

「地域内の女性のグループが、昨年から環境美化の取り組みを始めた。文庫がきっかけになったかどうかは分からないが、地域のため、集落のために何かやらなければならないという気持ちが、少しずつ芽生えてきているような気がする」。小玉さんは、そんな思いも抱く。

橋本さんが読み、学んだ二万冊は、少子高齢化が進み、小学校が廃校になった地域の再生を願い、手探りを続けるふるさとの人たちの心の一灯になっている。

※文中の年齢および肩書きは平成二十四年四月一日現在。

附

〈インタビュー　ふるさとへ〉

本に寄せる思い

——橋本五郎文庫の開設、橋本五郎氏に聞く——

『北羽新報』二〇一一年四月二十五～二十八日

三種町の旧鯉川小学校に二九日、「橋本五郎文庫」がオープンする。読売新聞特別編集委員でテレビのコメンテーターとしても活躍している橋本五郎さん（64）が寄贈した二万冊余の蔵書の〝図書館〟で、廃校となった母校が地域の交流センターとして生まれ変わることになった。橋本さんに本の寄贈、故郷への思い、読書観などを聞いた。

（聞き手・八代　保）

●形を贈りたい

——二万冊もの本を寄贈しようと思ったのはなぜですか。

「故郷のために何かをと『ふるさと納税』がずっと気になっていたが、お金ではなく何か形のあるものをと考えていた。財産はないけれど、本だけはある。自分はこれから何年生きるのか、最大限生きてもまあ二〇年だろうか。その間に本を改めて読んだり、読んでいないものをこれからどれだけ読むのかというと限られる。家では山になっている本がやが（秋田弁＝「邪魔」の意味）にされてもいた」

「それと同時に母校(鯉川小)のことも頭にあった。私は小学校の統合にずっと反対していた。自分の母校がなくなるということもあるけれど、それ以上に学校がなくなるということは地域が廃れていくことの象徴に思えていたからである。その学校を壊すにしてもお金がかかる、一方で維持するのも光熱費がかかる、とのこと。それを考えると、何か学校を利用することができないのか。だからちょうどいい機会だろうと本の寄贈を考えた」

●母の植えた桜

「もう一つあります。一六年前に亡くなったおふくろ(橋本ヤエさん)が、畑に隣接したところに桜の木を植えたんです。桜の季節になったらそこに、お年寄りが弁当を持ち寄ってワイワイ話し合うようにと。毎日毎日働いて大変だから、つかの間、一種の『ハレの日』みたいなものをつくろうとしたようだ。そういうこともあって、何かいろんな人が集まる場をつくりたいということを痛切に思った。花が咲く、盆踊りがある、行ってみよう、そこの図書館に行けば誰かがいる——そういうことがあっていいと思う。都会の孤立とは違う、ある種寂れることの孤立がある地域には」

「ただ、一番上の兄(橋本顗信氏=元県教育長)には、『最初はいいかもしれないが、維持していくのは大変なんだ』と言われました。それで迷ったこともあったが、思ったのはおこがましいけれど、何でもいいから『希望』があれば全然違う世界があるだろうということ。本を読む読まないでなくても、そこに行けば人が集まるんだというところがあればいいんだ、と。しかも町の人だけではなく違う人がいる、他から来るかもしれないという場として位置づけたいと思った」

●地域の人に感謝

——文庫開設にあたって地域住民や同級生など多くのボランティアが準備を進めました。また、文庫を核とした「みたね鯉川地区交流センター」は展示機能を備えたり、さまざまな行事を計画したりしており、能代山本地区の廃校利用の好例になるとみられています。

「本については予想を超えるスピードで仕分けや分類整理までやってくれて本当にありがたかった。傲慢《ごうまん》にいうわけではないのだけれど、こういうことに飢えていたんではないかとも思いましたね。旧校舎の利用の仕方にも広がりがある。あそこまでは考えていなかった。地域の人たちが心を一つにして頑張っていることや、同級生たちの活動にも感激です」

「文庫を維持していくために、私もちゃんと責任を負わなければならないと思っている。あまり迷惑をかけないように、それなりに基金みたいなものを出していきたい」

●蔵書は五万冊

——それにしても二万冊余の本の寄贈。すごいですね。蔵書はどれぐらいあるのですか。

「四万冊ぐらいは勘定したが、雑誌とかいろいろあるから厳密に数えると五万冊ぐらいになるのかなあ。一四年ぐらい前から読売新聞の書評委員をしていてあちこちから本が送られてくるので、そういうものもあるけれど。基本的には本というのは自分で買わなければだめ。そうでないと記憶にないし、何を書いているか思い出せない。買った本からは元を取ろうと思うし、高く買った本はコラムに引用したりすることがある」

——本は読むのは子どもの頃に何か影響を受けたからですか。

「子どもの頃の本といえばカバヤ文庫が記憶に

ある。カバヤのキャラメルをある程度買うと、本がもらえるのだが、四人の兄と一人姉がいたから、その文庫の冒険の本などがいっぱいあった。中学のときは松本清張が流行って、一生懸命読んだ」

●長兄の姿見て

「一番影響を受けたのは一番上の兄（顕信氏）。夕食後、『いだっこ』と言って机代わりに板を膝の上に置いて勉強するんです。私は囲炉裏の側で受験勉強している兄の膝の中に入ったものだった。その時、兄は一枚のわら半紙に鉛筆で勉強したことを書き、次に万年筆でその上から書き、さらにその上から赤鉛筆で書く、と一枚のわら半紙を三回使っていた。そうやって兄は大学（東大）に入るんです。私はその姿を見て勉強とは何かということを知り、兄の一つ一つを真似しながらいこうと思った」

「学生時代は本の選択の基準が分からなかったので兄の受け売りのように、古本屋に通って兄の持っている本を手にした。五円でも安くと回って、一食を抜いて、一冊一冊吟味して買った。そこからだんだん自立して、自分の読もうとする本を広げた」

――社会人になってからはどうしましたか。

「給料を三分の一は住宅や光熱費、三分の一は食事代、三分の一は本代と三等分した」

「社会人になって痛切に思ったのは、新聞記者は非常に傲慢な職業だということ。だって、人が何十年と積み重ねてきたことを一日か二日か取材して批判するわけだから。そうしてみると、できることは何か。その人の三〇年を自分の今の三日で追体験するしかない。それならば徹底的に勉強していなければおかしい。では何からやるべきなのか。それはやはり本を読み、謙虚に学ぶしかないのです」

●断腸の思いも

――そうして集めた本を手放しました。どんな気持ちでしたか。

「昨年十一月に運び出したが、前の日は寝られなくて、朝は早く起きて。娘を嫁に送り出す心境だった。でも、本を分類してくれたボランティアの人はちゃんと分かってくれた。本の中に切り抜きやメモが入ったりしていたようだが、それを取り出して、一冊の本にいろんな思いがあったのだなあということを話してくれた。うれしかったですね」

「本を手放すことは断腸の思いですよ。ただ散逸しているわけではない。文庫としてまとまった形で置いてくれる。こんな幸せはありません」

――寄贈された本は、「橋本五郎文庫」と名付けられました。

「非常に躊躇《ちゅうちょ》があった。でも、それで人がくるのならいいのかとも思った」

――読書の楽しさ、魅力はなんでしょう。

「本ほど安いものはありません。本を読んで、ある時には今の困難な状況から逃避もできるし、生涯絶対に会えないような女性にも会うことができるし、夢にまでみることができる。それはかけがえのないものだ」

●蓄積から発酵

「いろんなものを読む。それは、蓄積されて長い期間を経て発酵して芳香を放ち、人格が形成されていったりする。今すぐ役立つか役立たないのか、インターネットで見てどうこうするのとは違う」

「自分は新聞記者をやって随分失敗もしてきた

が、強く思ってきたことは『今日より明日、明日よりも明後日、成長したい』であった。成長とは何かだが、昨日の自分と今日の自分が違うということだと考えていたから、そのためには勉強であり、本を読んだ。特に古典の場合、二〇〇〇年とか長きに風雪に耐えて残ってきているわけだから、そこから謙虚に学ぼうとした。まぎれもなく二十代は成長したと思う時でしたね。今はそういう感じはないが」

●竹の一節一節

「竹が一節一節刻むというのは、風雪に耐えながらであり、常にそうありたいと思ってきた。ただ、勉強の強迫観念が常にあるようで、していないと不安だということもあったかもしれない」

——コメンテーターとして出演していたテレビや、新聞のコラムにもよく本が出てきましたが。

「テレビは小難しい話をしないが、私はできるだけ本を取り上げて読書の大切さを訴えたりした。これが結構反応があった。政治の話よりも、そっちの方が視聴者に残ったりしている。今はCSの番組の『今月の一冊』というコーナーで本を取り上げることにしている。見ている人はずっとお笑いを欲しているわけではなく、結構地についたものを求めている」

「癌《がん》（一〇年前）になって価値観が変わり、怖いものがなくなった。渡辺恒雄（読売新聞グループ本社代表取締役会長・元プロ野球巨人軍オーナー）さえも。それでコラムで好きなことを書いて、いろんな本から引いてくるが、できるだけ『歴史から学ぶ』ということでやってきた。自分で読んだものは（コラムのネタの）引き出しになる」

●大震災考える

――時代小説の名作を数多く残した司馬遼太郎と山本周五郎を引き合いに出して、「鳥の目と虫の目」の話を講演などでします。激動期の英雄の生き方を描いた司馬文学に鳥のように大局的にものを見る目、市井《しせい》の人々をあるがままの視点で書いた周五郎の作品にミクロから見る虫の目を視点ととらえ、それを持つべきだ、と。

「東日本大震災の被災地をずっと回ってきた。被災者・犠牲者はなぜ不条理に遭わなければならないのか。一方で、自然の島は残って、これだけ科学技術が発達している中で人工的な形あるものは壊滅的であり、自分たちが造った原発に苦労している。これをどう見るのか。現に避難している人のことを考える虫の目と、歴史的な視点から震災を見る鳥の目の両方を大事にしなければならない」

●生き方に影響

――平成六年に亡くなったお母さんを偲んで『かわらなでしこ――橋本ヤヱの八一年』という本をきょうだい六人で発行しました。その本に山本周五郎の時代小説にある味わい深い言葉を添えています。読書に母の影響はあったのですか。

「あの本は、渾身《こんしん》を込めて作った。自分の娘に残したいと。娘は読みながら泣いていた。母からは本の影響はなかったが、人生においては九九パーセント影響がある。三つの教え[1]がそれです」

「母は生命保険の外交員をやっていて毎日人と会ったが、人の悪口を言ったのを一度も聞いたことがなかった。『こういうすごい人がいた、いい人がいた』という話しかしなかった。新聞記者になろうとした時ちょっと反発した。人はいいばかりではない、それでは逆に批判精神がなくなるだろう、と。しかし母の言葉は『人にはいろんな面があるんだ』ということを考えさせ、立ち止まらせてくれた」

●心の支え得る

――影響を受けた本はありますか。

「山本周五郎さんの『ながい坂(2)』。一〇回ぐらい読んでいるが、特落ち(3)した時など苦しい時に、この本を読むことによって『よし頑張ろう』という気になる。周五郎の作品はしみじみとして、生きる希望を与えてくれ、ずっと心の支えである」

「吉村昭さん(4)もいい。何の虚飾も交えずただひたすら淡々と書き、それでいて文章に潤いがあり、想像が何倍にも膨れ上がる。そのすごさに並ぶ人はいない」

――政治学や社会学の分野ではどうですか。

「学生時代に安藤英治さん(5)の『マックス・ウェーバー研究』を読んだ。労働価値説などを説明していたが、何も分からなかった。しかし、情熱をかけて蟷螂の斧のように格闘して本を作っていることだけは分かった。そういう本を自分で見つけることは大事だ」

「大塚久雄(6)、岡義武(7)からも学んだ。大塚さんからは日本の近代化、資本主義について。文章がいい。岡さんからは近代の日本政治史を。端正な文章にパッション（情熱）がある」

●三人の政治家

――文庫の看板の揮毫《きごう》は、中曽根康弘元首相だそうですが。

「戦後日本の政治家で三人を挙げろと言われれば、迷いなく吉田茂、佐藤栄作、中曽根康弘の首相経験者を書く。順番は躊躇《ちゅうちょ》なく中曽根、佐藤、吉田。吉田にはマッカーサーという至高の権力があり、佐藤には高度成長経済という時の味方があった。しかし、中曽根には何もなく、あったのは田中角栄という大変な権力者。田中が中曽根を（首相に）選んだのは一番力が弱く、自分の言うことを聞いてくれると思ったからだ。それを跳ね返すのにどれだけ大変だったか。政治家はみな志を持っているが、それを貫き通す手段がないとだめだ。中曽根の風見鶏は手段だった。どんな風が吹こうとその風に向く。それと同時に人脈を持っていた。それは人徳ということになろうか」

「文庫の看板を誰に書いてもらおうかと考えて、自分は政治記者だったから最も尊敬する政治家にと、中曽根さんに頼みに行ったところ、『それは光栄です』と快諾してくれた。文庫に人が集まればいいですね」

注

（1）　母の三つの教え　「第一は、何事も手を抜くことなく、全力で当たれ。第二は、仕事に慣れてくると、生意気になる。傲慢になってはいけない。常に謙虚であれ。第三は、どんな人でも嫌いになることはない。その人に自分より優れているところを見つければ、嫌いにならないものだ」。社会人になるにあたって教えられたと著書『範は歴史にあり』で紹介。

（2）　『ながい坂』　昭和四十一年刊。下級武士の子が異例の出世をし、苦しみながら人生という長い坂を踏みしめて行く物語で、『樅ノ木は残った』などとともに山本周五郎文学を代表する長編小説。

（3）　特落ち　スクープを表す「特ダネ」とは反対の、報道各社が報じているのにその社だけが情報を取れずニュースを落としてしまうことをいう業界用語で、担当記者を不安にさせる。

（4）　吉村昭（一九二七—二〇〇六）。『戦艦武蔵』『関東大震災』『天狗争乱』など優れた記録小説、歴史小説を残した。東日本大震災により『三陸海岸大津波』（一九九〇年刊）が再評価されている。

（5）　安藤英治（一九二一―一九八）。成蹊大学名誉教授でマックス・ウェーバーの研究者。

（6）　大塚久雄（一九〇七―一九六）。東大教授など。「大塚史学」で知られる戦後日本を代表する社会学者。

（7）　岡義武（一九〇二―一九〇）。政治学者で東大名誉教授。『近代日本の政治家』などの名著がある。

二万冊が蒔いた種
——橋本五郎文庫開設一周年——

『北羽新報』二〇一二年四月二十四〜二十八日

書架ずらり

「あら、いらっしゃい」「また来たよ」。暖かい陽光が差し込む大きな部屋に声が響く。かつてはランチルームだったというその部屋には書架が並び、二万冊以上の本がぎっしり詰め込まれている。その様は図書館そのものだ。

膨大な本の元々の持ち主は、ジャーナリストとして幅広く活躍している三種町出身で読売新聞特別編集委員の橋本五郎さん(65)。橋本さんが「宝物」と言った本が収められたことで、子どもたちの姿が消えひっそりとしていたかつての校舎は今も生気があふれる。ただ違うのはその声の主は子どもたちではなく、地域の大人たちだということ。図書室の一角には喫茶スペース「コーヒーサロン」があり、住民たちが何とはなしに集まってきては世間話に花を咲かせる。

少子化により小学校の統廃合が相次ぐ能代山本では廃校となった校舎の利活用が課題だが、三種町の鯉川小は「みたね鯉川地区交流センター（橋本五郎文庫）」として地域住民の熱意によって新たな役割を与えられ、コミュニティーの核として輝いている。

●廃校きっかけに

二十一年三月、鹿渡小、上岩川小と統合、琴丘小の誕生に伴い閉校した鯉川小。閉校後の校舎の利活用を検討するにあたり、紆余曲折を重ねながらも橋本さんから蔵書二万冊の提供を受けたことをきっかけに、文字通り地域住民の総力で「橋本五郎文庫」として生まれ変わったのが昨年四月二十九日。それから早くも一年が経過し、地域になくてはならない存在として親しまれている。

同センター運営委員会の小玉陽三会長（62）は「鯉川小の閉校後、このままでは地域はますますさびれてしまう。学校を活用して地域をなんとかしようと思った時、核になったのが五郎さんの本だった」と語る。

建物内部は、かつてのランチルームだった一階東側の大部屋がメーン。ずらりと並んだ書架に収められた蔵書に目を奪われる。ジャーナリストの橋本さんが読んだとあって、政治経済関連の本が多いかと思いきや、ジャンルは多岐に渡る。もちろん日本、海外の政治関連、経済物は確かに多いが、俳句、芸術、文学、果ては盆栽の本まで。「橋本さんが盆栽の本を読んだかと思うと思わず笑ってしまう」と話した来館者もいるが、それ以上に小説類が豊富なことに驚かされる。二階の各教室にも、ジャンル別に本が収められ、内容はもちろん、その量にただただ圧倒される。

●四千人超える

来館者数、貸し出し実績も好調だ。「橋本五郎さんが読んだ本」が収められるということが開設前から話題となり、その関心の高さはオープン後に、来館者数として表われている。三月末現在、来館者数は四五四八人、延べ貸し出し冊数は一〇六五冊に上る。いかに橋本さんの蔵書を収めたとはいえ、開館日は一週間のうち水、土、日曜のわずか三日間の〝一ローカル文庫〟としては健闘の数字と言っていい。それだけでも「廃校となった校舎の利活用」に成功したと評価できる。

文庫の特長は、地域住民が願ったように「コミュニティーの中心になる」こと。運営委員会としては、文庫開設に合わせ、地域の中核として以前と変わらないものであってほしいという願いを込め、「人が集えるように」とコーヒーサロンも開き、近くの湧き水を汲んできていれたコーヒーを振る舞う。

このサロンは地元の人たちにとっての憩いの場であり、交流の場であり、少子高齢化の地域にとって重要な意味を持つ「人と人とのつながり」を確認する場になっている。

◇　◇　◇

文庫がどういった道をたどって誕生したのか、地域の人たちはどのような活用を思い描いているのか。オープンから一年を機に、地域をつなぎ止める鎖の輪としての橋本五郎文庫が誕生するまでの歩みを振り返り、今後の将来像を展望する。

（岡本　泰）

当初の構想

閉校後の校舎をどう活用するのか。そこから始まった橋本五郎文庫だが、運営形態、人員、予算の確保をめぐって高いハードルをいくつも越える必要があった。

琴丘地区の三小学校の統合を決めた三種町教育委員会は二十一年二月、廃校となる鯉川、上岩川両小学校と、すでに空き施設となっていた鯉川、上岩川の旧二保育園を含む同地区五カ所の町有施設の利活用策を、地域住民の意向を基に探ろうと「琴丘地域公共施設利活用検討委員会」を設置。その委員の一人が小玉陽三さんだった。

小玉さんが「橋本五郎さんが蔵書を寄贈する意向があるようだ」という話を聞いたのは、二回目に開かれた検討委員会でのこと。ただ「その時はまだぼんやりした話だけ。そういうことなら、それ（文庫）も含めて検討していきましょうか、という程度だった」と振り返るように、検討委員会が思い描く〝本命〟はあくまで、町職員が常駐する「公民館分館」として生かすことだった。橋本さん本人からの正式な申し入れはまだなく、公民館分館として町の責任の下で施設が継続されるのであれば、実際に本が寄贈されたとしても一定の管理は期待できる。二十一年六月に検討委員会として公民館分館としての利活用を求める旨を報告書にまとめ町に提出した。

●町の反応に唖然

ところが、報告書を基に町が半年後に示した結論は、小玉さんらが思い描いていたものとはかけ離れていた。その内容は、鯉川小に関しては「体育館と校舎の一部について、地域での利活用を図り、校舎のその他の部分に教育委員会で所有する歴史的資料（発掘された土器など）を保管する」というもの。そこには「公民館」という表現はなく、ましてや図書館、文庫はまったくの構想外だった。

折しも当時の三種町は県内最悪の財政事情を抱

え、職員給与の手当てカットにも踏み切っていた。経費を節減することはあっても、公共施設である公民館を増やすことなど論外であり、いくら地域の要請とはいえ財政事情からして〝当然〟の帰結でもあった。

ただ、検討委としては受け入れ難いものだった。不満を募らせた小玉さんは数日後、同じ委員だった児玉善市さん（73）、宮田ミチさん（65）とともに町に〝抗議〟するため琴丘総合支所と本庁に乗り込んだ。

「検討させておきながら、土器の保管など話題にすらならなかったことが出てきた。話が違う」「行政の支援もないのに、住民だけで大きな校舎を維持できるわけがない」。「公民館分館」として再検討するよう訴えたが議論は平行線をたどり、町も職員を配置することはないという姿勢だけは頑として変えることはなかった。

●寄贈の意思確認

一方で、橋本さんの図書寄贈の件も気になっていた。本当にその意思があるのか。小玉さんは橋本さんに直接連絡を入れてみた。

その時に橋本さんが話した内容はこうだ。「雑誌類は除いて約二万冊を予定している。送料・書架代については私が負担したい」「寄贈する施設、地域はどこでもいいが、散逸するのはできる限り避けてもらいたい。それが鯉川であれば一番うれしいのだけれど」。

言い回しは遠慮がちながらも、橋本さんはやはり鯉川小に蔵書が置かれることを心から望んでいる。事実確認の電話を入れただけのつもりだったが、遠くから故郷を思う気持ちが伝わってきた。

「まずいな……。これはもうやるしかない」。橋本さんの思いに応えようと小玉さんも意思を固めた。

開設準備

二十二年春、合併後二回目となった三種町長選を契機に旧鯉川小校舎の利活用をめぐる動きに変化が出てきた。新町長が決まるまで静観していた検討委員会の小玉陽三さんら三人は選挙後の六月、当選した三浦町長に面会を申し入れ、「旧鯉川小の利活用に関する要請文」を提出した。

橋本さんから寄贈される本を中心に文庫を設置し、これを核にした地域交流の場として学校を活用するという内容だが、住民組織だけで維持管理するのは容易ではなく、本は町で受け入れるとともに財政・人的支援を強く求めるものだった。これに対して三浦町長は前向きな姿勢を示し、それまでの「腰の重い行政」とは違う反応は、小玉さんもやや拍子抜けするほど。小玉さんは「当初、町が財政の厳しさを理由にしていたことは、それはそれで理解できる。しかし、住民のやる気をそいでは地域は元気にならない。活動への支援、図書に対する理解が高かった三浦町長には今、本当に感謝している」と振り返る。

町から財政面を含めた支援の内諾が得られたことで、ようやく具体的なスタートラインに立てたが、文庫の開設まではさらに膨大な仕事が待っていた。

●住民ら四〇人登録

橋本文庫設立に向け、地元の住民らは、みたね鯉川地区交流センター運営委員会を発足させオープンまでの構想を練ると同時に、図書の仕分けなど作業を手伝ってくれるボランティアも募った。それに呼応して、住民ら約四〇人がボランティアに登録。その思いはさまざまだった。

宮田英美子さん（58）と加賀谷信子さん（55）はともに昭和四十年代前半の鯉川小卒業生だ。加賀谷さんは「私たちの時は古い校舎で、中学校もあった時代。今のようにプールもなくて、夏は八郎湖で泳いでいた」と、子どもの頃を懐かしむ。八郎湖でシジミをとったり冬には近くの小林山にあったスキー場でスキーをしたり、学校の南側にある小高い丘の斜面で、肥料袋をソリ代わりにして遊んだりと、思い出は尽きない。宮田さんは「いまだに昔の校舎の夢を見る」と言うように、ふるさと、母校への愛着は人一倍だ。そんな人たちの協力を得られるのは心強い。

人手はそろい準備は整った。しかし、図書館作りなど皆、初めての経験。まるで雲をつかむような話だ。そこで短期間で図書の勉強をしようと、県立図書館を見学、さらに同図書館広報班長の山崎博樹さん（現副館長）を紹介してもらい、どのように本を整理するのか、必要な知識を吸収、山崎さんからはその後も何かにつけてアドバイスを受けるなど、重要な存在になった。

●トラック便到着

橋本五郎さんの本を積み込んだトラックの第一便が到着したのが十一月十四日。本がぎっしりと詰め込まれた段ボールを四〇箱ほど降ろし、次々と大事そうに、中の本をとり出す人の顔は、誰もがほころんでいた。「さあ本番だ！」。準備を重ね、待ちに待った文庫作りの現場作業が始まった。

作業は「慣れてしまえばそれほど苦労はなかった」と誰もが言うが、その「慣れるまで」が一苦労。図書館で採用されている「日本十進分類法」に基づいて哲学は「１００」、歴史は「２００」……などと分類し、ジャンルが決まったらブックカバーをテープで止め、本の最後に必ず記載されている「奥付」を確かめてタイトル、サブタイトル、著者、出版社などをパソコンに入力していく。じっくりやれば問題はないだろうが、いかんせん二万冊以上。量が多く、一方で文庫のオープン日は決まっており、時間もない。あの手この手で工夫を重ねた。

コア学園秋田経理情報専門学校（秋田市）の学生たちが作った公立図書館並みの機能があるソフトウエアの提供も受け、二十三年の一月にはついに一万冊を突破。東日本大震災の発生で一時的にストップはしたものの三月末にはついに二万冊を超え、ここからは開設式典の準備も同時に進め、四月二十九日、無事に「橋本五郎文庫」の誕生の日を迎えた。

地域コミュニティー

「こんなに人が来るとは……」。橋本五郎文庫オープン当日の昨年四月二十九日、文庫を運営する住民組織「みたね鯉川地区交流センター運営委員会」の会長、小玉陽三さんは目の前の光景に驚いた。

旧鯉川小の門をくぐった人は四百人以上。来賓、招待客を含めると五百人に届く。閉校した二年前に在籍していた児童数はわずかに一九人だから、その二六倍強。「第一文庫」と呼ばれる元ランチルームだったフロアや廊下、階段まで人であふれ返っている。「これほどの人が集まったのは、学校があった当時でも見たことがない」。地元の人たちは誰もがそう口にした。

「橋本五郎さんの蔵書が収められている文庫」

という話題性も手伝って、来館者は町内外に及び、昨年五月から今年三月末までの利用者数は四五四八人、一日あたりでは二八・四人。毎週水、土、日曜日の三日間しか開館していない「一ローカル文庫」としてはかなりの健闘だ。また、二週間の期限で一人三冊まで貸し出しているブックレンタルの登録者は一四二人（三月末現在）。このうち三分の二が三種町内で、三分の一が能代市や八郎潟町、潟上市、秋田市の町外の人たちだ。これまで延べ五一九人が一〇六五冊借りている。

●付せんびっしり

橋本さんは自著の中で「書評する本は必ず『二回半』は読むことにしている。赤鉛筆を持ってまず通読する。次に赤線を引いたところを抜き書きしながら、もう一度読む。そして抜き書きしたメモを読みながら構想を練る」（『「二回半」読む——書評の仕事 1995-2011』）と記す。それは書評の本ばかりでなく、個人的に耽読したものも変わりはないらしく、赤鉛筆の線が行間に走り、付せんが付いたり新聞の書評を挟み込んだままの本も少なくない。本に向き合う橋本さんの息遣いまでが伝わってきそうで、びっしりと付せんが貼り付いた本だけを集めた書架もあり、文庫の特徴となっている。

第一文庫の一角には午後になればコーヒーサロンが〝開店〟する。仕分けボランティアに携わった女性たちの発案で開設しているもので、一八人がローテーションを組んで接客している。

「本の仕分けはみんなが交流できるいい機会にもなった」と話すのは運営委員会副会長の宮田ミチさん。「仕分けが終わってもまたみんなで集まりたいねと話しあっていたら、文庫でコーヒーを提供したらどうだろうかというアイデアが出てきて、それはいい、じゃあやりましょうと始まった」と振り返る。

●世間話楽しみに

サロンでは近くの湧き水を汲んで来て入れたコーヒーを振る舞い（一杯二五〇円、施設の運営費などとして）、世間話も込み入った打ち明け話もできる。そうした「話せる場」としての役割を果たしており、文庫の常連さんの中には、サロンでのおしゃべりを楽しみに来る人もいる。

このほか、橋本五郎文庫では住民交流を目的としたイベントも充実させようとしている。元山本組合総合病院院長の大渕宏道さんを招いた健康講座、秋田の昔話の読み聞かせ、先月は金原亭馬生さんらを招いた新春落語会も誘致するなど、さまざまなイベントを企画し、人を呼び込むことで地域ににぎわいをもたらしている。

二万冊以上の本を〝売り〟にしながら、橋本五郎蔵書だけに頼らない施設を――。住民の力だけでは展開に限界があることを十分意識しながらも、だからこそ「自分たちでできる範囲で何が可能か」を考えさまざまなアイデアを今も模索し続けている。

明日は……

橋本五郎文庫では現在、かつて雑誌『面白半分』の編集発行人で、昨年十一月十九日に死去した編集者で文筆家の佐藤嘉尚さん（能代市二ツ井町出身）にちなんだ展示会を開いている。「せっかくの施設に足を運んでもらえるように、これからもイベントを企画し、できるだけ大勢の人たちに訪れてもらえれば」と話すのはみたね鯉川地区交流センター運営委員会の小玉陽三さん。文庫だけではない多面的な施設の利活用を思い描く。

文庫を核にした施設には違いないのだが、それだけでは人を呼び込む力にも限りがある。本に関心がない人たちにも来てもらえるようにと、「何をやったらいいいか、日々頭を悩ませているよ」と小玉さん。その一環が佐藤嘉尚展であり、健康講座であり、落語会。そうした努力によって文庫の入館者数はまもなく五千人に達しようとしている。小玉さんは「最初に描いていたものより充実してきているのではないか。当初は、われわれの力だけでやれるだろうかと不安もあったが、みんなの協力でここまでくることができた」と、手探りだったこれまでの運営を振り返る。

●地元利用も課題

どうにか順調に進んできたこの一年だが、それでも文庫のリピーターをどう確保するかという課題は残る。話題性から地域外の人の利用が思いのほか多く、それはそれで大歓迎なのだが、「地元の人にどれだけ利用してもらうか」もまた重要なカギとなる。町内、そして地元鯉川の人にとってはあまりにも身近過ぎるゆえ、「いつでも遊びに行ける」と考えるうちに「実はまだ行ったことがない」という町民も少なくない。地域の人が集まる交流センター機能を強化していきたいが、いずれにしてもまだ道半ばという思いが尽きない。

コーヒーサロンのボランティアとしても関わり続けている宮田ミチさんは、地域のひとり暮らしのお年寄りや高齢者世帯の人が集えるような場になればと二年目以降の運営に期待を寄せる。

文庫には畑仕事の帰りに立ち寄ったり、一人で食事するのは味気ないから来てみたという人もいる。七十歳前後のお年寄りが気軽に足を向ける場所にもなってきた。昨年十一月には地区のひとり暮らしのお年寄りを対象にしたお楽しみ会を開催したところ、二〇人余が集まり、評判も良かった。

●傾聴ボラも計画

「お年寄りのお楽しみ会は一回だけでなく、年三回ぐらいは開きたい。琴丘には傾聴ボランティアのサークルがまだない。民生委員や社会福祉協議会との連携も不可欠で、手順を詰めていきたいと思っている。お年寄りばかりでなく比較的若い世代の人たちも外に出る機会がないという話も聞く。いろんな世代が集まれる施設になることができれば」。宮田さんはそう話す。

地域にとって、文庫開設の効果とはいったいなんだったんだろう。橋本さんと同期生で、運営委員会と橋本さんとの橋渡し役となった三種町議の宮田幹保さんは一年を振り返り、「十八歳で故郷を離れた彼は、ずっと地域に恩返しがしたいと言い続けてきた。ここに学校はなくなったが、相変わらず文化の殿堂であり、ある意味、学校以上の働きをしている。何もなければ、何もない地域になるだけだった。文庫ができて本当に良かった」。

そう宮田さんが話すように、「新たな文化の場の地位」を築きつつあることもその一つだ。そして文庫の運営も少しずつ軌道に乗ってきたことで実感する「住民力」への自信、新たな可能性への期待も、そうだろう。

「地域内の女性グループが、去年から環境美化に取り組み始めた。文庫がきっかけになったかどうか分からないが、地域のため、集落のため何かやらなければいけないという気持ちが少しずつ芽生えてきているような気がする」。小玉さんはそう受け止めている。

跋　母への思いとふるさと再生
――なぜ図書館をつくろうとしたのか――

橋本五郎

廃校を何とかしたい

私が図書館を作りたいと思った理由は三つあります。わが母校鯉川小学校が平成二十一（二〇〇九）年、統合によって百二十五年の幕を閉じました。学校がなくなり、鯉川地区はますます寂れてしまいました。なんとか廃校になった校舎を再利用し、少しでも活気を取り戻すことはできないか。そう考えたのが第一の理由です。そもそも私は小学校の統合に反対でした。町長さんははじめ町の関係の人たちにも「統合しようとしたら承知しない。テレビ（ズームイン!!ＳＵＰＥＲ）でしゃべって阻止する！」

などと無茶なことを言ってきました。自分の学んだ学校が無くなることへの抵抗という、単なる「郷愁」だけではありません。統合となれば、学校は遠くなり、子どもたちは歩いて通えなくなります。バスで運ばれることになります。自分の足で歩かなくなります。

自分の足で通学することは大事なことです。三キロもの道のりを歩く間、上級生は下級生の面倒をみます。道草をしながら路傍に咲く花の美しさを知ります。昨日まで飛んでいたトンボの死骸を見つけて、トンボにもかけがえのない命があることに思いを馳せます。朝から縁側を開けて夫婦喧嘩している家があります。その脇を通りかかり、「嫌だなあ、こんな家庭にはなりたくないものだなあ」と思います。失われるものは多いのです。しかし、全校で十九人にまで減ってしまい、とうとう統合されることになりました。

学校は地域の中心です。学校が無くなれば、日中、子供の声が聞こえなくなります。その地域は徹底的に廃れていきます。しかも学校は頑丈に出来ています。壊すのに数千万円かかるとも言われています。そのままにしておくと不用心ですから、維持のためには費用がかかります。廃校をなんとか活かす道はないのかと思ったのです。

母の「老人の憩いの森」

二番目の理由は、母への思いがありました。母は三十年近く、この過疎の地で独り暮らしをして平成六（一九九四）年、八十一歳で亡くなりました。その母は還暦を期して、老人の憩いの森をつくりました。わが家で持っている畑に近い山を切り開いて、桜の木を植えました。その時の私宛の手紙が最近出てきました。読売新聞に入社し、浜松支局に配属されて三年目の春、五月二日の消印でした。こんな内容でした。

春乃連休も相変わらずお仕事でせうか……。朝乃鉢の手入れを終えて今しみじみと浜松銘茶の一服を楽しんで居ります。今日は之から山乃畠へ老人の憩いの森を作るべく櫻の植樹に出かけます。

道路でバスを待ってゐると誰かが乗せてくれるし、野菜がなくなると誰かが持ってきてくれます。逢ふ人逢ふ人皆がやさしくお友達になってくれる。息子達は人並みに暮らしてくれるし、孫達は人並み以上に健康に育ってくれる。唯々ありがたい人生です。勿体ない人生です。このありがたい人生の還暦を迎えて、老後をいかに美しく生きるべきかと考えました。

せめて車や汽車で遠くへ花見に行けぬ老人達の憩いの森を作るべく、還暦の記念に土地を解放して自費で櫻を植えやうと今日から取りかかって居ります。この計画を喜んでくれて部落からも色々応援の手を差しのべてくれますが、今少し格好がつくまでは自らの手でやらうと思って居ります。櫻の木の下へ山ツツジを植え、タンポポ、スミレも保存の意味で集めておきます。栗も五、六本つけます。春はツツジ見、櫻見、秋は栗の下でナベッコ遠足やら追い追いは茶の湯の野立てでもと楽しい計画をして居ります。(中略)

母さんはこんな楽しい計画で胸一杯です。あなたは事故を起こさぬ様、偏食せぬ様、それから体操をする事、たとえ何人のお話でも馬鹿にせず、何かのヒントをつかむ様、市井の隅っこからでも色々の勉強の材料はある筈、今のうちにどんどん吸収して大きくなる事、幅広くなる事です。色々な壁にぶつかることでせうが、青空の様な五郎の明るさを失わぬ様、母さんは何時も念じて居ります。そして信じております。ぢや元気でネ。

五郎へ

母

母の手紙のほぼ全文を長々と載せてしまいました。でも、これが私の「原点」なのです。自分だったら何ができるか。私自身も還暦を迎える年齢になり、絶えず自問していました。本以外には何もない。それならその本を活かす道はないかと思いました。

歓迎されない個人文庫

世の中には大変な蔵書家がいっぱいいます。民間では東京電力の社長、会長を務められた平岩外四さんなどその筆頭でしょう。学者・研究者の蔵書は、著名な人であればあるほどそれ自体に大きな意味があります。その学者を研究するための不可欠の資料になるからです。ところが、蔵書の提供は必ずしも歓迎されないというのです。

戦後最大の社会科学者と言っていい政治学者・丸山眞男の蔵書も、最終的には東京女子大に収まり、「丸山眞男文庫」として生まれ変わりましたが、引き取り手が見つからないまま、いろいろなところを彷徨ったといいます。譲り受ければ整理しなければならない。そのためには人手とお金が要る。とてもそんな余裕はない。そこで全部は受け入れられないので、欲しいものだけを提供してほしいと言われ、交渉がまとまらないという話をよく聞きます。

著名なる人でもそうです。私の蔵書などその道の専門家からみれば、さしたる価値のあるものではありません。死んだ後雲散霧消するのは目に見えています。ならば生きている間に何とかできないか。それが第三の理由です。そうでなくとも、家の中は本の〝洪水〟です。母屋の応接間、廊下の本棚はいっぱい、離れをつくりましたが、畳の上も本が積まれ、畳替えができないため、マンションを借りて収容していました。そんな状態ですから図書館には家族も大賛成でした。

その一方で、強い反対が身内にもありました。人に迷惑をかけるというのが一番の理由です。本を提供する方は出せばおしまいだが、もらった方は大変だ。みんなに新たな負担をかけることになる。迷惑をかけることになる。つくったとして、一体誰が責任をもって維持・運営していくのか。専門書も多い。田舎の誰がそれを読むのか。そう言われてみれば確かにそうです。

でも、私はこう思いました。図書館だからといって本を読まなくたっていい。そこに行けば人がいるというだけでもいい。姑たちは弁当を持って図書館に来る。そしておしゃべりする。何を話しているのか。結局は嫁の悪口を言い合っている。よく聞いていると、自分の家の嫁の方がよほどましじゃないか。そう考えて家に帰って嫁にやさしくなる。そういうことがあってもいいのではないのか。かかる経費については確かに心苦しいが、それは出来るまでなるべくこちらが負担することにし、あとはみなさんにお任せしよう。いささか無責任ですが、そう思いました。

娘を嫁に出す心境

町に提供を申し出るまでの経緯については、本文で詳しく触れられていますので省略しますが、平成二十二（二〇一〇）年十月二十九日に、三浦正隆町長さんを役場に訪ね、二万冊寄贈の目録をお渡ししました。小中学校の同級生の安田（旧姓近藤）絹子さんの弟さん、近藤雅裕君に秋田まで運んでくれるよう頼みました。運び出しの第一陣は翌十一月十四日と決まりました。その前日、段ボール箱に本を詰めながら、さまざまな思いが去来しました。

学生時代、本はもっぱら古本屋で買いました。早稲田の古本屋は数がそろっているうえ、比較的値段も安く、大学のあった横浜の日吉から渋谷で降り、都営バスでよく通いました。明治通りと早稲田通りの交差点で降りて古本屋を一軒一軒回り、欲しい本の値段をメモし、五円でも安いものを帰りに買うのです。お金があまりありませんので、昼飯を抜くこともしばしばでした。空腹でバスに乗るため、決まって信濃町の慶應病院の前あたりで気持ちが悪くなるのです。降りてバス停で気持ちが悪くなるのが収まるのを待つことがたびたびありました。

食費を切りつめて集めた本です。一冊一冊に愛着がありました。どんな状況で買ったのかも覚えていました。新聞記者になってからは給料の三分の一を書籍代に使いました。何も財産がない自分にとって、本は一種の分身のような存在でした。それだけに、明日第一陣が出発するという前夜は、なかなか寝られませんでした。娘を嫁にやるというのはこういうことかとも思いました。

手作りだけが持つ「温もり」

私は本と本棚を送っただけで、すべてお任せでした。もちろん会長の小玉陽三君や同級生の宮田幹保君らとは電話のやりとりはしていましたが、一一年二月の雪の日に、本の整理をしている皆さんを慰問したときには心から手を合わせたい気持ちになりました。ボランティアや役員のみなさんが仕事や家事を二の次にして文庫のオープンに向けて必死の努力をしてくれているのです。図書館といっても初めてのことです。何から手を付けていいのか戸惑うことばかりだったと思います。でも、みなさんは本当に生き生きとやっているのです。

それからほどなくして、東日本大震災に見舞われます。連日のテレビ出演や東日本大震災復興構想会議委員としての仕事が重なり、四月二十九日のオープン当日まで文庫を訪ねることは叶いませんでした。当日に出来上がった文庫を見て、言いしれぬ感動を覚えました。隅々まで温かいのです。お金がありませんから、要らなくなったソファーをもらい受け、手作りのカバーを掛けているのです。椅子をもらってきて、手作りの座布団を敷いているのです。限りない温もりが伝わってくるのです。

それは文庫を訪ねた多くの人たちが感じたことでした。オープンしたあと、慶應義塾の清家篤塾長がいち早く無料で講演に来てくれました。その清家さんも温かさを直に感じたと言っていました。創価大学の山本英夫学長も宮崎和弘広報部長と一緒に訪ねてくれ、長寿の水で入れてくれたコーヒーを飲みながら、温かさに「至福の時」を過ごしたと連絡してくれました。この文庫は、誰でもない、自分たちによる手作りであること、そして限りなく温かいこと、この二つは胸を張って誇っていいことだと思います。

中曽根元総理に看板を

文庫にはできることなら多くの人に来てもらいたいと思いました。そのためには看板を、誰でも知っている有名な人に書いてもらおうと思いました。ある朝、妻に相談しました。「自分はずっと政治記者をしてきたんだから、一番尊敬している政治家に書いてもらおうと思っている」と言いましたら、妻は直ちにこう言いました。「それは中曽根さんでしょう」。そうです。指導者として私がもっとも敬意を払っているのは中曽根康弘元総理です。

中曽根さんにお願いに行きました。大正七（一九一八）年生まれの中曽根さんは九十二歳でした。揮毫はお断りしていたようですが、文庫をつくるに至った経緯をお話しすると、「それは光栄です」と言われ、縦、横いろいろ書いてくれました。ところが、どこでどう行き違ったのか、私が頼んだのは「橋本五郎文庫」でした。中曽根さんが書いてくれたのは「橋本五郎記念文庫」です。「記念」は普通、亡くなった後に出来たときに付けられるものなのです。困りました。なにしろ「大勲位」です。もう一度書いてくれとも言えません。

そのとき思いました。そうだ、看板は書いた字を拡大して、看板屋さんが彫ってつくるものなのだ。ならば看板屋さんに頼んで、彫るとき「記念」を取ってもらおう。

看板の材料はかねてから秋田の中田建設の専務、見上重新君に頼んでいました。彼は、風雪にも耐えられるということで、頑丈な欅を探してくれました。それだけでなく、きっと「何で秋田なのに秋田杉を使わないか」という批判が出るだろうということも考え、天然秋田杉の「赤身」という大間のマグロの大トロのような高級品も調達してくれました。天然秋田杉は必ずしも吹雪には強くないということで、部屋に入るところに置くことにしましたが、どちらも「記念」を取ることができて、ひとまず肩の荷を下ろしました。

ところが、文庫に入って行きますと、「橋本五郎記念文庫」と書いた大きな書が額に飾って掛けています。これは看板のように本物を拡大したのではなく、中曽根さんが書いたそのもの、実物です。勝手に「記念」を削るわけにはいきません。そこでこれは「記念」に取っておこう（笑）と、そのままにしました。お陰で、「中曽根さんの字ってどんな字だろう」と思って来てくれる人もいるようです。ありがたいことだと思いました。

中曽根さんは、九十四歳になった今も、ひたすら勉強の日々です。常に世界の中の日本という視点から考えています。その一方でふるさとへの思いが人一倍強い人です。インターナショナリズムとナショナリズムの二つを併せ持っている政治家です。私が記者として垣間見た中曽根康弘像については、最近出版した『総理の器量――政治記者が見たリーダー秘話』（中公新書ラクレ）に詳しく触れています。ふるさとへの思いを同じくする中曽根さんに看板を書いてもらい、手作り文庫に大いなる花を添えていただきました。

母の三つの「教え」

大学を卒業して社会人になるにあたって、母から特に三つのことを言われました。一つ目は、「何事にも手を抜いてはならない。常に全力で当たれ」ということでした。時に楽をしたい、リラックスしたいと思うときがあります。少々手を抜いたとしても、そんなに変わりはしないと思ってしまいます。でも、そのとき、母の声が聞こえてくるのです。「いま、お前は全力で当たっているか」。思わず身が引き締まります。二つ目は、「傲慢になってはいけない。仕事に慣れてくると生意気になる。常に謙虚であれ」でした。そうでなくとも、私たちの仕事は傲慢です。自分のことを棚に上げて人のことをとやかく言う商売です。でも、これは宿命です。避けられないことです。であるならばと、自分に課していることがあります。人のことを批判するときには、自分が批判される身になって、なるほどその通りだなあと思われるような批判でなければいけない。誰よりも誰よりも、当の批判する相手の心に響くような批判でなければいけない。そうありたいと思っています。

三つ目は、「どんな人でも嫌いになることはない」と言われました。「嫌だなあ」と思ったときには、その人の中に自分よりも優れているものがあるかどうかを見よ、と言われました。虚心に見ると、大概自分よりも優れているものがあるのがわかります。そうすると、もうその人が嫌いじゃなくなるよと言われました。私は母にもっとも感謝していることがあります。母は三十年近く、生命保険の外交員をして、私たち兄姉弟六人を大学に行かせてくれました。毎日何十人の人と会って保険の勧誘をするのです。嫌なこと、不愉快なことはいっぱいあったと思います。でも、家に帰ってきて、人の悪口を一度も言ったことがありませんでした。今日はこんないい人がいた、今日はこんな立派な人がいたということしか言いませんでした。私はそれがどんなにありがたかったかわかりません。

母のこの教えを、私は言われてから四十二年、一日として忘れたことがありません。出来ることなら、叶うことなら、あの世に行ったとき、母に会って、「母さんに言われたことはちゃんと守ってきたよ」と胸を張って言える人生を送らなければならないと思ってきました。「お天道様が見ている」という言葉があります。私にとって母はお天道様です。いつどこにいても見られていると思っています。恥ずかしいことはできないと思っています。

脳梗塞のため八十一歳で亡くなるまで、本と新聞は手放さなかった母。文庫が出来て、多くの人たちがきてくれていることを心から喜んでくれていると思っています。

日々新たに続けることの大切さ

平成二十四（二〇一二）年四月二十八日、文庫オープン一周年の式典が行われました。辛坊治郎さんが手弁当で駆けつけ、ユーモアをまじえて語ってくれました。浅利香津代さんは絶妙のトークで、会場を泣き笑いの渦にしていただきました。私の大学の同級生八人も来てくれました。何よりも嬉しかったのは、七百二十人もの人が来てくれたことです。椅子席がないだけでなく、会場の体育館に収容し切れないと小玉会長以下悲鳴を上げていました。どんなことがあっても皆さんに会場に入ってもらうよう願いし、莫蓙を敷いて座ってもらいました。

この記念すべき日に東京から駆けつけるべきかどうか、土壇場まで迷いました。四月十三日深夜、妻和子がくも膜下出血で倒れました。幸い一命は取り留め、意識も回復しました。しかし、手術後二週間目は、脳血管攣縮という、脳梗塞を起こす危険がもっとも高まる時期にあたっていました。妻が倒れたとき、私は翌朝のテレビのため大阪のホテルにいました。自分が東京を離れたとき、また何かが起きるのではないかという一種のトラウマがありました。

先生に相談したところ、「大丈夫ですから、どうぞいらしてください」と言われました。妻も、「文庫一周年に行ってくるからね」と言いましたら、明るい顔で大きくうなずきました。その結果、心に残る記念式に参加することができました。私はただ本を送っただけです。それを維持、発展させてくれるのは地元のみなさんです。私は「真の復興は自分たちの手で自分たちの足元から」と言い続けてきました。文庫の開設とさまざまな試みに挑戦しながらの運営は、そのことを見事に証明してくれました。

あとがき

橋本五郎さんが三種町に二万冊の本を寄贈することが正式に決まり、贈呈式が行われた平成二十二（二〇一〇）年十月二十九日の二日後、「橋本五郎文庫への期待——読書週間に大きなプレゼント」と題して、『北羽新報』に次のコラムを載せた。

◇　◇　◇

能代山本出身者や縁の人の出版物を、ありきたりの案内ではなく、自分なりの感想を込めて「書評」の形で紹介するように努めているが、これが案外しんどい。

その本の力強さ、執筆者の熱に怖じ気づいてしまうことに加え、知識の不足、読解力の弱さが露呈し、「書を評する」ことに窮するからである。結果、申し訳ないと思いつつ、紙面に取り上げることのないままになっている書籍がある。

一月末出版の『範は歴史にあり』（藤原書店）もその一冊。著者は三種町出身のジャーナリスト・橋本五郎さん（63）。いまさらながらの紹介になるが、読売新聞の政治部長、編集局次長を務め、現在は特別編集委員。

氏のコラムは名文である。コピーに取ってある「母なるものを考える——『馥郁たる強さ』

に本当の姿がある」（平成十四年十月二十一日）は母への思慕と敬愛にあふれて心にじんわりと沁みた。

「指導者の条件――「燃える情熱」があるか」（十六年二月十五日）は、元能代工業高校バスケットボール部監督の加藤広志さんの著書を引用し、政治家に政治への信頼を取り戻すことを問い掛けた内容で、共感した。

『範は――』は同新聞に掲載された「政界ウォッチング」「五郎ワールド」などこの一〇年のコラムの抜粋集だ。

橋本さんは、同新聞の書評委員でもあり、当方は氏とキョンキョンこと小泉今日子さんの書評は目を皿にして読んでいるが、橋本さんの文は博識に裏打ちされた含蓄に温かみと人生への示唆があり、紹介された時代小説はすぐ購入したほどだ。

日本テレビの「ズームイン!!ＳＵＰＥＲ」などにも出演、お茶の間でもおなじみ。歯切れのいい政治解説に何気なく先人の言葉が出てくるのは、「相当本を読んでいる人」ゆえといつも思う。

さて、近著の『範は――』。読み進むにつれて、橋本さんの読書の量と教養の深さに圧倒された。だから、なまじの書評はできないと弁解するのだが。

その橋本さんが二十九日、ふるさと三種町を訪れ、蔵書約二万冊を寄贈した。廃校となった母校・鯉川小の校舎活用と併せて、来春には「橋本五郎文庫」が開設されるという。読書週間にふさわしい大きなプレゼントだ。

橋本さんは母の故ヤヱさんの影響を受けて本に親しんだという。母が愛読し、橋本さん自身も人生に影響を受けたという山本周五郎の名作の数々を鯉川小の教室で、懐かしく読んでみたいと思う。

「みんなが重い荷を負っている。境遇や性格によって差はあるが、人間はみなそれぞれなにかしらの重荷を負って生きている……。互いに援けあい力を貸しあってゆかなければならない、互いの劬りと助力で、少しでも荷を軽くしあって苦しみや悲しみを分けあってゆかなければならない」（山本周五郎の「つばくろ」から）。

この一節は、橋本さんきょうだいが母ヤヱさんの八一年の生涯を綴った一冊の本『かわらなでしこ』（平成七年刊）にひっそりと紹介されている。

◇　◇　◇

それから四カ月後、東日本大震災の前の二月下旬、「橋本五郎文庫」の準備作業が進んでいると聞いて旧鯉川小校舎を訪ねた。

すると、一階と二階から明るい弾んだ声と笑い声が聞こえてきた。地区住民やボランティアが、あれこれ語り合い工夫しながらの作業をしていたのだ。再び人が集える場をつくろう――過疎が進んだ集落に、思い出がいっぱい詰まった地域のシンボルを。そんな住民の熱意が伝わってきた。山本周五郎の「つばくろ」の一節である「互いに援けあい力を貸しあってゆかなければならない、互いの劬りと助力で……」の世界がそこに広がり、過疎の集落を再び元気づけようとしていることも。

そして、文庫を梃子にオープンする「みたね鯉川地区交流センター」は、能代山本の地域課題の一つであり、全国の地方で試行錯誤が続く「廃校を生かす」の成功例になりうると、確信した。

文庫と交流センターが順調に動き出してしばらくして、橋本さんと語る機会があり、地域の人たちによる廃校活用のすべて手作りの文庫は全国にほとんどないこと、それはまた文化的施設の少ない地域にとってはモデルになりうるだろうこと、財政難で自治体の施設運営に限界がある中にあって発案も設計もお金も住民たちで都合するという実践は記録に残しておくべきであること、などに改めて気づき、秋田県の能代山本地区という小圏域で新聞を発行しているる地域紙のわれわれが橋本文庫の奮戦記を全国に発信したいと本書を出版するに至った。

再取材やインタビューに快く応じてくれた「みたね鯉川地区交流センター」の運営委員会の皆さんや橋本五郎さん、橋本さんの友人をはじめご協力をいただいた方々、そして藤原書店の刈屋琢さんに心から感謝とお礼を申し上げる。

取材・執筆は編集局報道部の平川貢、岡本泰の両記者と伊藤仁報道部長が担当した。

二〇一二年十月

北羽新報社編集局長　八代　保

クロニクル 「橋本五郎文庫」の軌跡

＊敬称略

年	月日	
平成19年	6月	三種町教育委員会が「学校再編整備検討委員会」に対し町内の小中学校の統廃合、廃校舎等の利用など諮問
	12月	学校再編検討委が町内八小学校三中学校を将来的に三小学校一中学校へ再編するのが望ましいと答申。琴丘地区三小学校については二一年度での統合達成を求める
平成20年	2月	町教委が学校再編整備計画を策定
	6月	琴丘地域小学校統合協議会が発足。翌年三月まで計六回開催され、新設小学校の校名、校章、校歌などを決定
	9月	三種町定例議会で琴丘地区三小学校の閉校、鹿渡小に新設小学校を置く町立学校設置条例の改正案が可決。鯉川小の廃校が正式に決定
	11月9日	鯉川小で閉校式挙行。地域住民、関係者ら約一五〇人が出席
平成21年	2月25日	町が「琴丘地域公共施設利活用検討委員会」を設立。六月まで計五回開催し、鯉川小などの利活用策を検討
	3月17日	鯉川小で卒業式。最後の卒業生四人が巣立つ
	3月31日	鯉川小が閉校。一二五年の校史に幕を閉じる。翌四月一日に新設校「琴丘小学校」が創立

年	月日	
平成21年	6月29日	公共施設利活用検討委が佐藤亮一町長（当時）に旧鯉川小を「公民館分館」として活用すべきとの報告書を提出
平成22年	1月28日	町が報告書を受け設置した「庁内検討委員会」の検討結果として、旧鯉川小に職員を配置する考えがないことを利活用検討委員らに説明
	4月8日	利活用検討委員だった小玉陽三、児玉善市、宮田ミチの三人が旧鯉川小を橋本五郎からの寄贈本で構成する図書施設を核とした交流センターの設立に向け打ち合わせを開始
	4月21日	打ち合わせに田中国光、近藤誠一、斉藤武（のちに妻斉藤房子に交代）の三人が加わる
	5月27日	旧鯉川小の利活用運営委員会の第一回設立準備会を開催。旧鯉川小の名称を「みたね鯉川地区交流センター」、通称「橋本五郎文庫」とすることを確認
	6月22日	利活用運営委員会設立会議を開催。小玉陽三ら六人の有志に板垣美代子、橋本辰夫、伊藤邦雄、小山俊一、小玉幹夫を加えた一一人で構成。顧問には橋本五郎が就任
	6月25日	運営委が三浦正隆町長に対し旧鯉川小の利活用に関する財政支援等を要請
	7月21日	旧鯉川小に運営委事務室を開設。第一回運営委員会を開催。運営委はこれ以後、ほぼ月一回のペースで開き、文庫開設に向けた協議を進めた
	10月29日	橋本五郎が三種町を訪問。町役場で蔵書二万冊の贈呈式を実施
	11月14日	橋本五郎からの寄贈本が初めて交流センターに到着。以後翌年二月まで計六回にわたり運び込まれた
	12月4日	図書の整理、文庫の開設準備に当たる住民ボランティアを集めた説明会を開催
平成23年	1月	橋本五郎文庫開設あいさつ文を地域に配布
	1月30日	登録数が一万冊を突破
	2月	寄付依頼チラシを地域に配布

平成23年	2月3日	橋本五郎がボランティア激励のため交流センターを訪問
	3月11日	東日本大震災が発生。センターへの直接的被害はなし
	3月26日	登録数が二万冊を突破
	4月16日	「健康のつどい」の第一回を開く。一〇月まで七回開催
	4月29日	約五百人の参加者の下、みたね鯉川地区交流センター・橋本五郎文庫開設記念式典を挙行。橋本五郎が記念講演
	5月	広報紙『田園文庫だより』第一号を発行
	6月26日	第一回橋本五郎杯グラウンドゴルフ大会開催
	7月31日	橋本五郎を囲む会開催
	8月14〜17日	宮田ミチ母娘三人展開催
	9月24日	慶應義塾大学・清家篤義塾長の講演会開催
	10月27〜30日	交流センターまつりを開催
平成24年	2月29日	琴丘保育園児を招待し雛祭り読み聞かせ会開催
	3月20日	能代市二ツ井町出身の編集者、故佐藤嘉尚をテーマにした初の「橋本五郎交友展」が開幕。雑誌『面白半分』のほぼ全冊、「四畳半襖の下張」裁判記録などを展示
	3月	登録数が二万五千冊を突破
	4月15日	落語家・金原亭馬生らによるチャリティー落語会を開催
	4月28日	開設一周年記念会を開催。ジャーナリスト・辛坊治郎の記念講演、橋本五郎と女優浅利香津代のトークショーを催す

見取り図

1階

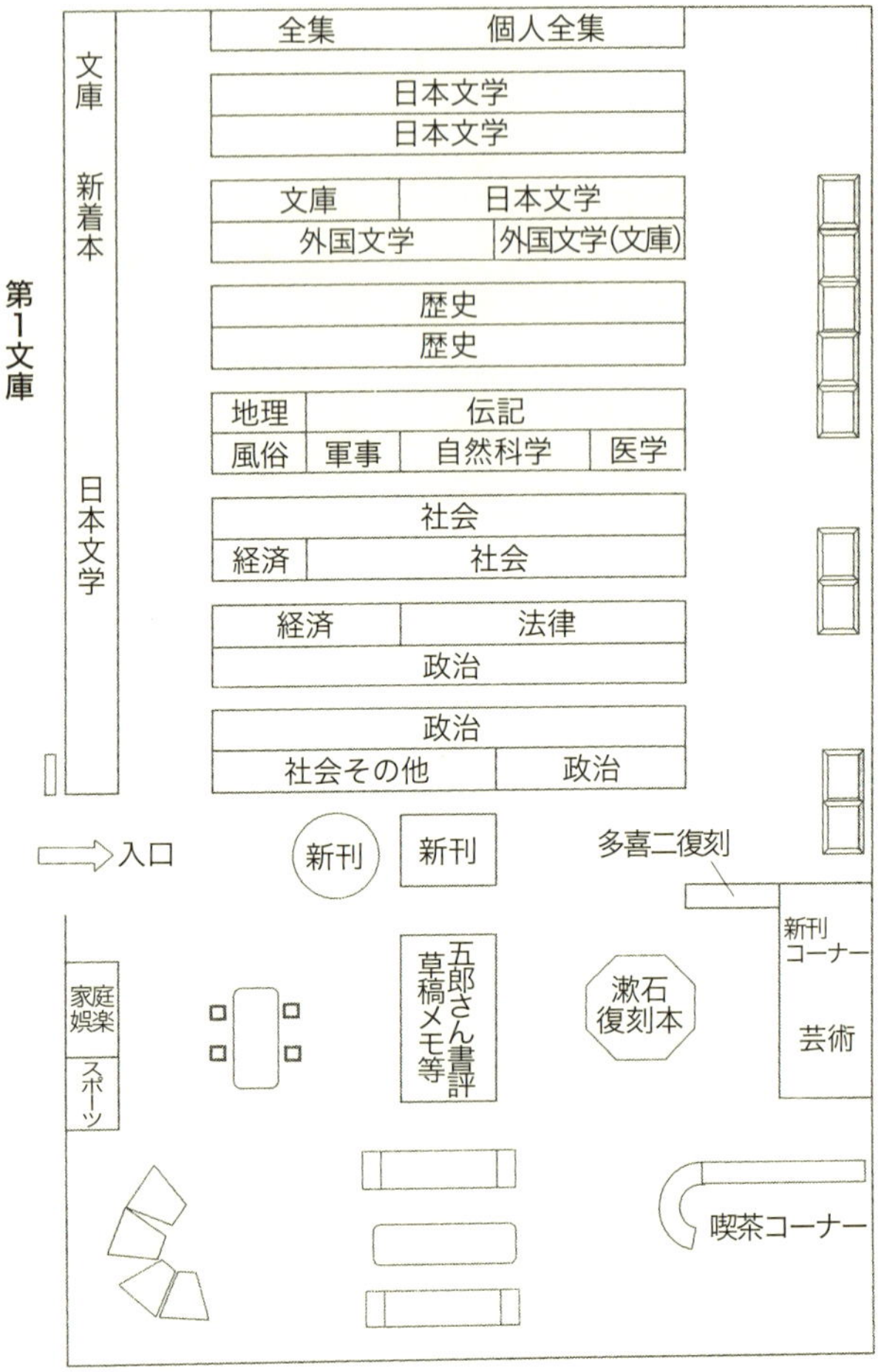

＊収蔵図書が増えるに連れて、レイアウトは随時修正されている。
＊この他に、写真や絵画が壁面に展示されている。

橋本五郎文庫

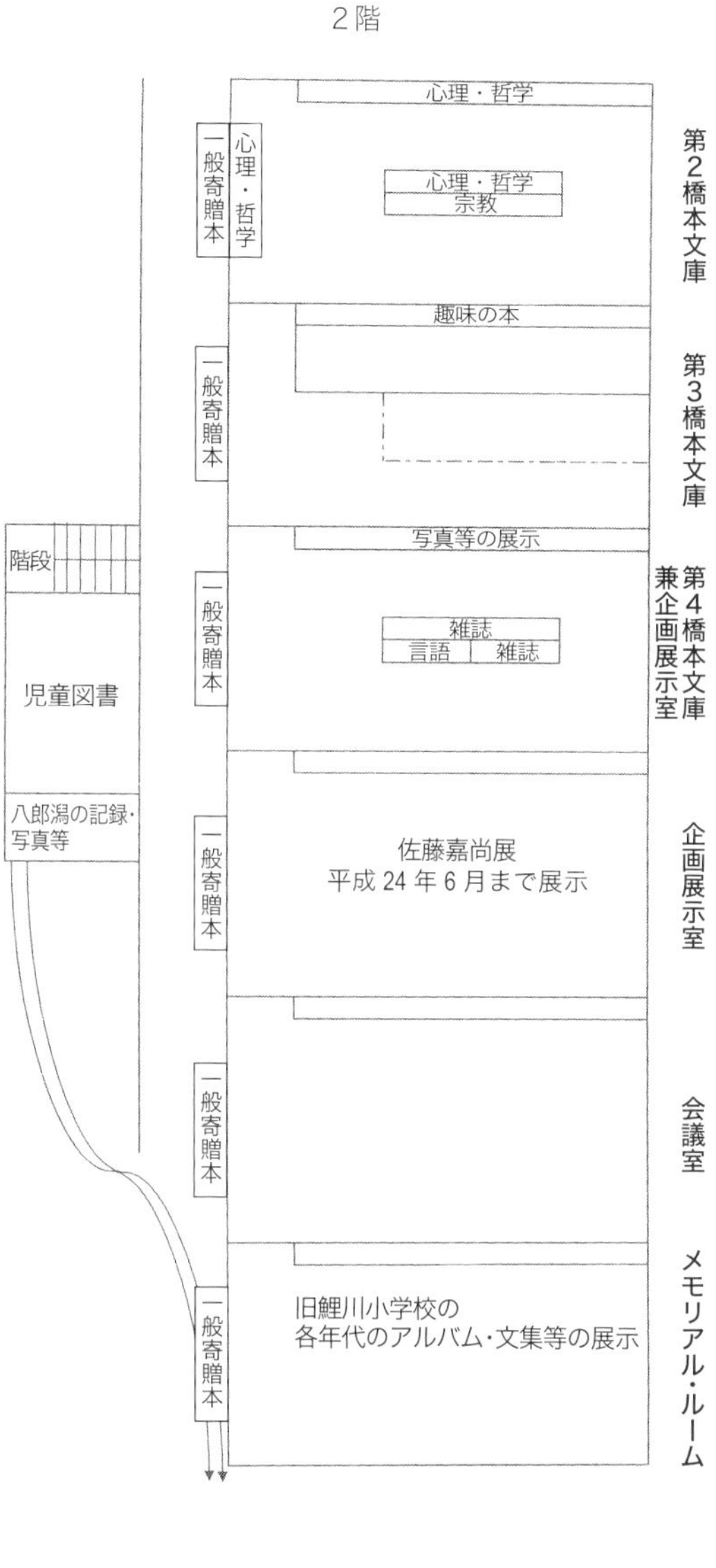
2階
心理・哲学
一般寄贈本
心理・哲学
心理・哲学
宗教
第2橋本文庫
趣味の本
一般寄贈本
第3橋本文庫
写真等の展示
階段
一般寄贈本
雑誌
言語
雑誌
第4橋本文庫兼企画展示室
児童図書
八郎潟の記録・写真等
一般寄贈本
佐藤嘉尚展
平成24年6月まで展示
企画展示室
一般寄贈本
会議室
一般寄贈本
旧鯉川小学校の
各年代のアルバム・文集等の展示
メモリアル・ルーム

橋本五郎文庫

三種町の旧鯉川小（みたね鯉川地区交流センター）内にオープン。開館は毎週水、土、日曜日の午前十時から午後四時。雑誌、辞書、文献等以外の書籍は利用者登録をした上で貸し出し可能（同時に二冊まで）。

〒〇一八―二四〇一

秋田県山本郡三種町鯉川字片平84

電話・ファックス〇一八五―八七―三一七七

（二〇一二年十月現在）

編者紹介

北《ほく》羽《う》新報社《しんぽうしゃ》編《へん》集《しゅう》局《きょく》報道《ほうどう》部《ぶ》

明治28(1895)年5月『能代商報』として創刊。同43(1910)年に『北羽新報』に改題。秋田県北部の能代山本圏域（能代市、三種町、八峰町、藤里町）を発行エリアとする日刊紙。系列紙に大館北秋田圏域向けの『おおだて新報』がある。編集局編著では『検証 秋田「連続」児童殺人事件』（無明舎出版）など。

廃校《はいこう》が図書館《としょかん》になった！——「橋本五郎文庫《はしもとごろうぶんこ》」奮戦記《ふんせんき》

2012年11月30日　初版第1刷発行 ©

編　者　北羽新報社編集局報道部

発行者　藤原良雄

発行所　株式会社　藤原書店

〒162-0041　東京都新宿区早稲田鶴巻町523
電　話　03（5272）0301
FAX　03（5272）0450
振　替　00160‐4‐17013
info@fujiwara-shoten.co.jp

印刷・製本　中央精版印刷

落丁本・乱丁本はお取替えいたします
定価はカバーに表示してあります

Printed in Japan
ISBN978-4-89434-884-4

〝思想家・高群逸枝〟を再定位

高群逸枝の夢

丹野さきら

「我々は瞬間である」と謳った、高群の真髄とは何か？　「女性史家」というレッテルを留保し、従来看過されてきた「アナーキズム」と「恋愛論」を大胆に再読。H・アーレントらを参照しつつ、フェミニズム・歴史学の問題意識の最深部に位置する、「個」の生誕への讃歌を聞きとる。

第3回「河上肇賞」奨励賞

四六上製　二九六頁　**三六〇〇円**

（二〇〇九年一月刊）

◇978-4-89434-668-0

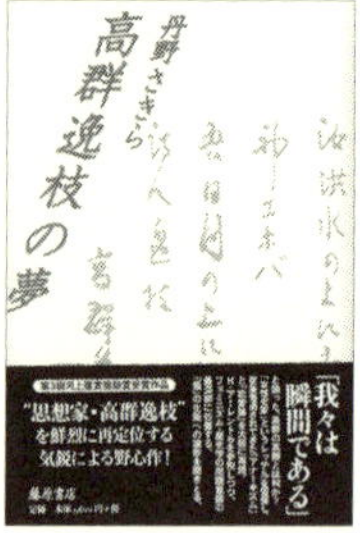

本ぎらいのあなたに贈る

ペナック先生の愉快な読書法

〈読者の権利10ヵ条〉

D・ペナック

浜名優美・木村宣子・浜名エレーヌ訳

フランスのベストセラー作家による、ありそうでなかった読書術！　ユーモアたっぷりに書かれた、本ぎらいに優しく語りかける魔法の本。

四六並製　二一六頁　**一六〇〇円**

（一九九三年三月刊／二〇〇六年一〇月刊）

◇978-4-89434-541-6

COMME UN ROMAN　Daniel PENNAC

著者渾身の昭和論

昭和とは何であったか

〈反哲学的読書論〉

子安宣邦

小説は歴史をどう語るか。昭和日本の中国体験とは何であったか。死の哲学とは何か。沖縄問題とは何か。これまで〝死角〟となってきた革新的な問い。時代の刻印を受けた書物を通じて「昭和日本」という時空に迫る。

四六上製　三二八頁　**三二〇〇円**

（二〇〇八年七月刊）

◇978-4-89434-639-0

人類の知の記録をいかに継承するか

別冊『環』⑮

図書館・アーカイブズとは何か

〈鼎談〉粕谷一希＋菊池光興＋長尾真（司会）春山明哲・髙山正也

Ⅰ　図書館・アーカイブズとは何か　髙山正也／根本彰／大濱徹也／伊藤隆／石井米雄／山﨑久道／杉本重雄／山下貞麿／扇谷勉

Ⅱ　「知の装置」の現在――法と政策　南学／柳与志夫／肥田美代子／山本順一／小林正／竹内比呂也／田村俊作／岡本真

Ⅲ　歴史の中の書物と資料と人物と　春山明哲／高梨章／和田敦彦／樺山紘一／鷲見洋一／藤野幸雄

Ⅳ　図書館・アーカイブズの現場から　アーカイブズ／都道府県立・市町村立・大学・専門図書館等三〇館の報告

〈附〉データで見る日本の図書館とアーカイブズ

菊大並製　二九六頁　**三三〇〇円**

（二〇〇八年一一月刊）

◇978-4-89434-652-9

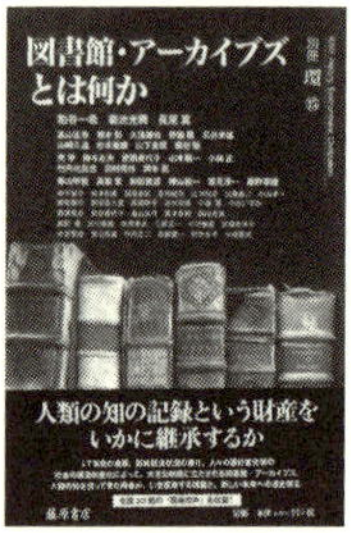

7　**金融小説名篇集**　　吉田典子・宮下志朗 訳＝解説
〈対談〉青木雄二×鹿島茂

ゴプセック――高利貸し観察記　*Gobseck*
ニュシンゲン銀行――偽装倒産物語　*La Maison Nucingen*
名うてのゴディサール――だまされたセールスマン　*L'Illustre Gaudissart*
骨董室――手形偽造物語　*Le Cabinet des antiques*

528 頁　3200 円（1999 年 11 月刊）◇978-4-89434-155-5

高利貸しのゴプセック、銀行家ニュシンゲン、凄腕のセールスマン、ゴディサール。いずれ劣らぬ個性をもった「人間喜劇」の名脇役が主役となる三篇と、青年貴族が手形偽造で捕まるまでに破滅する「骨董室」を収めた作品集。「いまの時代は、日本の経済がバルザック的になってきたといえますね。」（青木雄二氏評）

8・9　**娼婦の栄光と悲惨――悪党ヴォートラン最後の変身**（2分冊）
Splendeurs et misères des courtisanes　　飯島耕一 訳＝解説
〈対談〉池内紀×山田登世子

⑧448 頁 ⑨448 頁　各 3200 円（2000 年 12 月刊）⑧◇978-4-89434-208-8 ⑨◇978-4-89434-209-5

『幻滅』で出会った闇の人物ヴォートランと美貌の詩人リュシアン。彼らに襲いかかる最後の運命は？「社会の管理化が進むなか、消えていくものと生き残る者とがふるいにかけられ、ヒーローのありえた時代が終わりつつあることが、ここにはっきり描かれている。」（池内紀氏評）

10　**あら皮――欲望の哲学**　　小倉孝誠 訳＝解説
La Peau de chagrin　　〈対談〉植島啓司×山田登世子

448 頁　3200 円（2000 年 3 月刊）◇978-4-89434-170-8

絶望し、自殺まで考えた青年が手にした「あら皮」。それは、寿命と引き換えに願いを叶える魔法の皮であった。その後の青年はいかに？「外側から見ると欲望まるだしの人間が、内側から見ると全然違っている。それがバルザックの秘密だと思う。」（植島啓司氏評）

11・12　**従妹《いとこ》ベット――好色一代記**（2分冊）　山田登世子 訳＝解説
La Cousine Bette　　〈対談〉松浦寿輝×山田登世子

⑪352 頁 ⑫352 頁　各 3200 円（2001 年 7 月刊）⑪◇978-4-89434-241-5 ⑫◇978-4-89434-242-2

美しい妻に愛されながらも、義理の従妹ベットと素人娼婦ヴァレリーに操られ、快楽を追い求め徹底的に堕ちていく放蕩貴族ユロの物語。「滑稽なまでの激しい情念が崇高なものに転じるさまが描かれている。」（松浦寿輝氏評）

13　**従兄《いとこ》ポンス――収集家の悲劇**　　柏木隆雄 訳＝解説
Le Cousin Pons　　〈対談〉福田和也×鹿島茂

504 頁　3200 円（1999 年 9 月刊）◇978-4-89434-146-3

骨董収集に没頭する、成功に無欲な老音楽家ポンスと友人シュムッケ。心優しい二人の友情と、ポンスの収集品を狙う貪欲な輩の蠢く資本主義社会の諸相を描いた、バルザック最晩年の作品。「小説の異常な情報量。今だったら、それだけで長篇を書けるような話が十もある。」（福田和也氏評）

別巻 1　**バルザック「人間喜劇」ハンドブック**　　大矢タカヤス 編
奥田恭士・片桐祐・佐野栄一・菅原珠子・山﨑朱美子＝共同執筆

264 頁　3000 円（2000 年 5 月刊）◇978-4-89434-180-7

「登場人物辞典」、「家系図」、「作品内年表」、「服飾解説」からなる、バルザック愛読者待望の本邦初オリジナルハンドブック。

別巻 2　**バルザック「人間喜劇」全作品あらすじ**
大矢タカヤス 編　奥田恭士・片桐祐・佐野栄一＝共同執筆

432 頁　3800 円（1999 年 5 月刊）◇978-4-89434-135-7

思想的にも方法的にも相矛盾するほどの多彩な傾向をもった百篇近くの作品群からなる、広大な「人間喜劇」の世界を鳥瞰する画期的試み。コンパクトでありながら、あたかも作品を読み進んでいるかのような臨場感を味わえる。当時のイラストをふんだんに収め、詳しい「バルザック年譜」も附す。

❺ ボヌール・デ・ダム百貨店 ——デパートの誕生

Au Bonheur des Dames, 1883　　吉田典子 訳＝解説

ゾラの時代に躍進を始める華やかなデパートは、婦人客を食いものにし、小商店を押しつぶす怪物的な機械装置でもあった。大量の魅力的な商品と近代商法によってパリ中の女性を誘惑、驚異的に売上げを伸ばす「ご婦人方の幸福」百貨店を描き出した大作。

656 頁　**4800 円**　◇978-4-89434-375-7（第 6 回配本／ 2004 年 2 月刊）

❻ 獣人 ——愛と殺人の鉄道物語 *La Bête Humaine, 1890*

寺田光徳 訳＝解説

「叢書」中屈指の人気を誇る、探偵小説的興趣をもった作品。第二帝政期に文明と進歩の象徴として時代の先頭を疾駆していた「鉄道」を駆使して同時代の社会とそこに生きる人々の感性を活写し、小説に新境地を切り開いた、ゾラの斬新さが理解できる。

528 頁　**3800 円**　◇978-4-89434-410-5（第 8 回配本／ 2004 年 11 月刊）

❼ 金《かね》　*L'Argent, 1891*

野村正人訳＝解説

誇大妄想狂的な欲望に憑かれ、最後には自分を蕩尽せずにすまない人間とその時代を見事に描ききる、80 年代日本のバブル時代を彷彿とさせる作品。主人公の栄光と悲惨はそのまま、華やかさの裏に崩壊の影が忍び寄っていた第二帝政の運命である。

576 頁　**4200 円**　◇978-4-89434-361-0（第 5 回配本／ 2003 年 11 月刊）

❽ 文学論集 1865-1896　*Critique Littéraire*

佐藤正年 編訳＝解説

「実験小説論」だけを根拠にゾラの文学理論を裁断してきた紋切り型の文学史を一新、ゾラの幅広く奥深い文学観を呈示！　「個性的な表現」「文学における金銭」「淫らな文学」「文学における道徳性について」「小説家の権利」「バルザック」「スタンダール」他。

440 頁　**3600 円**　◇978-4-89434-564-5（第 9 回配本／ 2007 年 3 月刊）

❾ 美術論集

三浦篤 編＝解説　三浦篤・藤原貞朗 訳＝解説

セザンヌの親友であり、マネや印象派をいち早く評価した先鋭の美術批評家でもあったフランスの文豪ゾラ。鋭敏な観察眼、挑発的な文体で当時の美術評論界に衝撃を与えた美術論を本格的に紹介する、本邦初のゾラ美術論集。「造形芸術家解説」152 名収録。

520 頁　**4600 円**　◇978-4-89434-750-2（第 10 回配本／ 2010 年 7 月刊）

❿ 時代を読む 1870-1900　*Chroniques et Polémiques*

小倉孝誠・菅野賢治 編訳＝解説

権力に抗しても真実を追求する真の“知識人”作家ゾラの、現代の諸問題を見透すような作品を精選。「私は告発する」のようなドレフュス事件関連の文章の他、新聞、女性、教育、宗教、文学と共和国、離婚、動物愛護など、多様なテーマをとりあげる。

392 頁　**3200 円**　◇978-4-89434-311-5（第 1 回配本／ 2002 年 11 月刊）

11 書簡集 1858-1902

小倉孝誠 編訳＝解説

19 世紀後半の作家、画家、音楽家、ジャーナリスト、政治家たちと幅広い交流をもっていたゾラの手紙から時代の全体像を浮彫りにする、第一級史料の本邦初訳。セザンヌ、フロベール、ドーデ、ゴンクール、マラルメ、ドレフュス他宛の書簡を精選。（次回配本）

別巻 ゾラ・ハンドブック

宮下志朗・小倉孝誠 編

これ一巻でゾラのすべてが分かる！　①全小説のあらすじ。②ゾラ事典。19 世紀後半フランスの時代と社会に強くコミットしたゾラと関連の深い事件、社会現象、思想、科学などの解説。内外のゾラ研究の歴史と現状。③詳細なゾラ年譜。ゾラ文献目録。

2 **1947年** **解説・富岡幸一郎**

「占領下の日本文学のアンソロジーは、狭義の『戦後派』の文学をこえて、文学のエネルギイの再発見をもたらすだろう。」（富岡幸一郎氏）

中野重治「五勺の酒」／**丹羽文雄**「厭がらせの年齢」／**壺井榮**「浜辺の四季」／**野間宏**「第三十六号」／**島尾敏雄**「石像歩き出す」／**浅見淵**「夏日抄」／**梅崎春生**「日の果て」／**田中英光**「少女」

296頁　**2500円**　◇978-4-89434-573-7（2007年6月刊）

3 **1948年** **解説・川崎賢子**

「本書にとりあげた1948年の作品群は、戦争とＧＨＱ占領の意味を問いつつも、いずれもどこかに時代に押し流されずに自立したところがある。」（川崎賢子氏）

尾崎一雄「美しい墓地からの眺め」／**網野菊**「ひとり」／**武田泰淳**「非革命者」／**佐多稲子**「虚　偽」／**太宰治**「家庭の幸福」／**中山義秀**「テニヤンの末日」／**内田百閒**「サラサーテの盤」／**林芙美子**「晩菊」／**石坂洋次郎**「石中先生行状記――人民裁判の巻」

312頁　**2500円**　◇978-4-89434-587-4（2007年8月刊）

4 **1949年** **解説・黒井千次**

「1949年とは、人々の意識のうちに『戦争』と『平和』の共存した年であった。」（黒井千次氏）

原民喜「壊滅の序曲」／**藤枝静男**「イペリット眼」／**太田良博**「黒ダイヤ」／**中村真一郎**「雪」／**上林暁**「禁酒宣言」／**中里恒子**「蝶蝶」／**竹之内静雄**「ロッダム号の船長」／**三島由紀夫**「親切な機械」

296頁　**2500円**　◇978-4-89434-574-4（2007年6月刊）

5 **1950年** **解説・辻井喬**

「わが国の文学状況はすぐには活力を示せないほど長い間抑圧されていた。この集の短篇は復活の最初の徴候を揃えたという点で貴重な作品集になっている。」（辻井喬氏）

吉行淳之介「薔薇販売人」／**大岡昇平**「八月十日」／**金達寿**「矢の津峠」／**今日出海**「天皇の帽子」／**埴谷雄高**「虚空」／**椎名麟三**「小市民」／**庄野潤三**「メリイ・ゴオ・ラウンド」／**久坂葉子**「落ちてゆく世界」

296頁　**2500円**　◇978-4-89434-579-9（2007年7月刊）

6 **1951年** **解説・井口時男**

「1951年は、重く苦しい戦後、そして、重さ苦しさと取り組んできた戦後文学の歩みにおいて、軽さというものがにわかにきらめきはじめた最初の年ではなかったか。」（井口時男氏）

吉屋信子「鬼火」／**由起しげ子**「告別」／**長谷川四郎**「馬の微笑」／**高見順**「インテリゲンチア」／**安岡章太郎**「ガラスの靴」／**円地文子**「光明皇后の絵」／**安部公房**「闖入者」／**柴田錬三郎**「イエスの裔」

320頁　**2500円**　◇978-4-89434-596-6（2007年10月刊）

7 **1952年** **解説・髙村薫**

「戦争や飢餓や国家の崩壊といった劇的な経験に満ちた時代は、それだけで強力な磁場をもつ。そうした磁場は作家を駆り立て、意思を越えた力が作家に何事かを書かせるということが起こる。そのとき、奇跡のように表現や行間から滲みだして登場人物や物語の空間を浸すものがあり、それをわたくしたちは小説の空間と呼び、力と呼ぶ。」（髙村薫氏）

富士正晴「童貞」／**田宮虎彦**「銀心中」／**堀田善衞**「断層」／**井上光晴**「一九四五年三月」／**西野辰吉**「米系日人」／**小島信夫**「燕京大学部隊」

304頁　**2500円**　◇978-4-89434-602-4（2007年11月刊）

当代随一のジャーナリスト

範は歴史にあり

橋本五郎

親しみやすい語り口と明快な解説で、テレビ・新聞等で人気の〝ゴローさん〟が、約十年にわたって書き綴ってきた名コラムを初集成。短期的な政治解説に流されず、つねに幅広く歴史と書物に叡智を求めながら、「政治の役割とは何か」を深く、やわらかく問いかける。

四六上製　三四四頁　二五〇〇円
（二〇一〇年一月刊）
◇978-4-89434-725-0

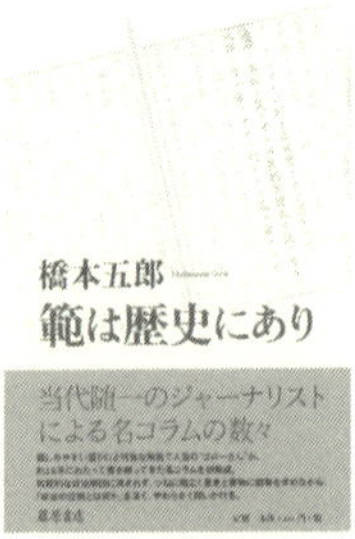

書物と歴史に学ぶ「政治」と「人間」

「二回半」読む

〈書評の仕事　1995-2011〉

橋本五郎

約十五年にわたり『読売新聞』を中心に書き継いできた書評全一七〇余本。第一線の政治記者として、激動する政治の現場に生身をさらしてきた著者が、書物をひもとき歴史に沈潜しながら、「政治とは何か」「生きるとは何か」という根源的な問いに向き合う、清新な書評集。

四六上製　三二八頁　二八〇〇円
（二〇一一年六月刊）
◇978-4-89434-808-0

「国民作家」の生涯を貫いた精神とは

鞍馬天狗とは何者か

〈大佛次郎の戦中と戦後〉

小川和也

〝国民作家〟大佛次郎には、戦後封印されてきた戦中の「戦争協力」の随筆が多数存在した！　これまで空白とされてきた大佛の戦中の思索を綿密に辿りながら、ヒーロー「鞍馬天狗」に託された、大佛自身の時代との格闘の軌跡を読み解く野心作。

第1回「河上肇賞」奨励賞受賞
平成18年度芸術選奨文部科学大臣新人賞

四六上製　二五六頁　二八〇〇円
（二〇〇六年七月刊）
◇978-4-89434-526-3

知られざる逸枝の精髄

わが道はつねに吹雪けり

〈十五年戦争前夜〉

高群逸枝著　永畑道子編著

満州事変勃発前夜、日本の女たちは自らの自由と権利のために、文字通り命懸けで論争を交わした。山川菊栄・生田長江・神近市子らを相手に論陣を張った若き逸枝の、粗削りながらその思想が生々しく凝縮したこの時期の、『全集』未収録作品を中心に編集。

Ａ５上製　五六八頁　六六〇二円
（一九九五年一〇月刊）
◇978-4-89434-025-1

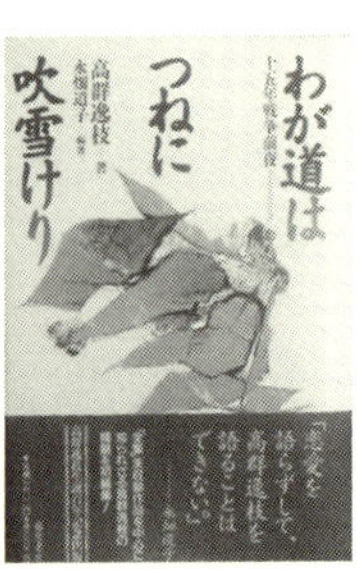